西夏文

数字化研究

XIXIAWEN SHUZIHUA YANJIU

柳长青 著

中山大学出版社
·广州·

版权所有　翻印必究

图书在版编目（CIP）数据

西夏文数字化研究/柳长青著．—广州：中山大学出版社，2022.12
ISBN 978-7-306-07681-6

Ⅰ.①西…　Ⅱ.①柳…　Ⅲ.①西夏语—数字化—研究　Ⅳ.①H211.7

中国版本图书馆 CIP 数据核字（2022）第 254074 号

出 版 人：	王天琪
策划编辑：	井思源
责任编辑：	井思源
封面设计：	曾　斌
责任校对：	林梅清
责任技编：	靳晓虹
出版发行：	中山大学出版社
电　　话：	编辑部 020 - 84110283，84113349，84111997，84110779，84110776
	发行部 020 - 84111998，84111981，84111160
地　　址：	广州市新港西路 135 号
邮　　编：	510275　　传　真：020 - 84036565
网　　址：	http://www.zsup.com.cn　E-mail：zdcbs@mail.sysu.edu.cn
印　刷　者：	广东虎彩云印刷有限公司
规　　格：	787mm×1092mm　1/16　13.75 印张　218 千字
版次印次：	2022 年 12 月第 1 版　2022 年 12 月第 1 次印刷
定　　价：	58.00 元

如发现本书因印装质量影响阅读，请与出版社发行部联系调换

目 录

第一章 绪 论 ………………………………………………… 1
 第一节 西夏文数字化概述 …………………………………… 4
 第二节 西夏文数字化现状 …………………………………… 8
 第三节 研究意义 …………………………………………… 17

第二章 西夏古籍字库 ………………………………………… 20
 第一节 建立古籍字库的必要性 ……………………………… 21
 第二节 西夏文字形结构分析 ………………………………… 22
 第三节 古籍字库建立方法 …………………………………… 26
  一、西夏文字符编码方案 …………………………………… 27
  二、西夏字形轮廓提取算法 ………………………………… 30

第三章 西夏文献数字化的方法 ……………………………… 36
 第一节 西夏文计算机录入方法 ……………………………… 37
  一、外挂式西夏文输入法 …………………………………… 39
  二、西夏文网络输入法 ……………………………………… 40
  三、基于 IME 码表生成器的西夏文输入法 ………………… 43
  四、西夏文智能输入法 ……………………………………… 45
  五、西夏文区位输入法 ……………………………………… 47
 第二节 西夏文献文本化 ……………………………………… 50
 第三节 西夏文识别研究 ……………………………………… 52
  一、西夏古籍文献文字自动切割 …………………………… 53
  二、古籍文献西夏文模式识别 ……………………………… 54

第四章　西夏文献数据库及其应用 …… 61
第一节　可资借鉴的现有数据库举例 …… 61
第二节　西夏文献数据库 …… 63
　一、西夏实物数据库 …… 64
　二、西夏文献数据库 …… 68
第三节　文献数据库结构 …… 74
第四节　西夏文献数据库的应用 …… 79
　一、西夏文献数据库检索系统 …… 79
　二、西夏文字典数据库检索实例 …… 86
　三、组字程序 …… 112

结　　语 …… 115

参考文献 …… 118

附录一　西夏古籍字表 …… 123

附录二　西夏古籍字库基本部件表 …… 189

附录三　西夏文电子字典用户手册 …… 195

第一章 绪　　论

　　进入 21 世纪后，以计算机和互联网为代表的信息技术的飞速发展对人文社会科学领域的研究产生了巨大的影响，其中一个重要的表现便是传统纸质文本向电子文本的转化。与此同时，古籍文献的数字化受到学者们越来越多的关注和重视。中国传统古籍文献浩如烟海，没有被充分挖掘和利用的古籍文献不计其数，西夏文献则是古籍文献中亟待挖掘与研究的一部分。因此，对西夏古籍文献进行数字化具有重要意义。

　　文献数字化是指将各种文字、图片、音频和视频等多媒体文献信息内容以数字化形式进行存储与管理，通过控制系统标示数字对象，利用网络浏览、查询、检索和传输各种信息，采用权限管理技术保护知识产权，通过 Web 发布数字化信息的过程。它是以计算机技术、网络通信技术、数字技术和文献处理技术为基础的大型数字化文献资源系统。我国的古籍文献数字化工作已取得了相当显著的成绩，已经完成的数字化项目有《四库全书》《四部丛刊》《康熙字典》等，此外还有《中华文化通志》《汉语大词典》《中华古汉语词典》等。这些电子文献基本都可以提供多重检索功能，用户只需懂得一些基本的电脑操作方法，即可在很短的时间内查找到所需的资料。

　　西夏文献数字化工作起步较晚，国内外目前还没有较为全面和完整的西夏文献数字化系统。西夏文献数字化与其他文献数字化相比有以下四个方面的特点：一是俄藏、中国藏、英藏、日藏及法藏西夏文献的相继影印出版使西夏文献数字化成为可能。二是西夏文字的字体较特殊，数字化处理困难。西夏文字是已消亡的中国古代民族文字，其计算机字库、机内编码等基础性工作均需要从头做起。到目前为止，较为全面和标准的西夏文字体库的数量并不多。与汉字、蒙古文字等其他日常使用频率较高的文字的发展相比严重滞后，也影响了西夏文文献数字化的进程。三是西夏文献版本较复杂，有刻本、活字本以及写本，且有大量社会文书使用行草书写，不易辨认。四是西夏文献数字化方法没有现成的案例可以借鉴。西夏文字与汉字相像，目前，经考证的有近6000字，但其字形又与汉字不同。因此，不能完全照搬、照抄汉族文献或其他少数民族文献的数字化方法来对西夏文献进行数字化。鉴于上述特点，西夏文献的数字化首先需要从基础工作入手，探索一条全新的且适合西夏文的数字化方法。本书的研究目的是利用现有成熟的计算机技术，结合西夏历史与西夏文献知识，探索一条文理交叉、文理结合的西夏文献数字化方法。

本书共分为四个章节：第一章是绪论，主要概述西夏文献数字化方法的现状和研究的意义。第二章主要讨论西夏古籍字库的建立过程。本书建立的西夏古籍字库中的西夏文字形不同于借助汉字库建立的西夏文字库的字形，其创新之处在于该字库中的西夏文字的字形完全来自西夏古籍文献，其中的每个西夏文字的字形均能与原始的西夏古籍文献相对应，且能够真实地反映西夏文字的本质特征，即整体结构未经人为的美化与修饰。通过建立西夏古籍字库，学者们可以对西夏文字与汉字之间的结构特点进行比较研究。第三章主要讨论西夏文献数字化的具体技术路线及文献文本化的过程，以及如何利用计算机图形图像处理技术对《俄藏黑水城西夏文献》进行图像预处理。第四章讨论西夏文献数据库及其应用。首先，针对西夏文文献数据库的逻辑设计、物理实现及后期资料整合进行详细论述。其次，对西夏文文献的概况进行梳理与总结、讨论西夏文献数据库的基本结构及关联关系。最后，列举西夏文文献数据库的应用实例。文后附录一、附录二分别是笔者制作的西夏古籍字库的字例表及西夏字部件表，附录三是西夏文电子字典用户手册。

本书的内容是近些年来笔者对西夏文信息处理研究的总结与梳理。1999年，笔者作为第一成员参与完成了国家自然科学基金项目"基于汉字字形的西夏文字研究"的科研工作，其成果《夏汉字处理及电子字典》软件由清华大学出版社正式出版。该成果是按照四角号码和顺序号检字法对西夏文字进行排列、注音和释义的 Windows 单机版应用软件。该软件按照《夏汉字典》从西夏文字的音、形、义等方面对每一个西夏文字做出了较为全面的汉、英双语解释，并建立了两套西夏文字库，成为当时国内外第一个能够独立、完整地在个人计算机上进行西夏文、中文和英文互译，并同屏混排、输入、输出的软件产品。当时，国内大多数西夏文论著均采用此系统进行排版。多年来，笔者始终没有放弃关于使用计算机处理西夏文的研究工作，并于2008年获批国家自然科学基金项目——"网络下的西夏文及西夏文献处理研究"。本书的基金资助项目为广东省高校重点项目（项目编号：2018WZDXM011）。

本书选择该题目主要基于以下几点考虑：首先，笔者大学本科学习的是计算机应用专业，对于西夏文的研究主要集中在计算机处理这一领域，因而对于西夏文数字化有一定的前期研究基础。其次，西夏文数字化研究及其数据库的建立也是当前学者们关注的研究热点之一。西夏文文献数字化是建立数字化图书馆的前提和基础，一个国家数字化图书馆的发展程度直接反映了该国的信息化、数字化水平。而在西夏文数字化这个领域，目前仅有少数学者开展了全面且深入的研究工作。再次，西夏文数字化研究能够较全面地涵盖计算机处理西夏文的整个研究领域。要想对西夏文文献进行数字化，就必须先对西夏文字进行数字化处理，因而文献数字化的过程也是对西夏文文献进行研究和整理的过程。西夏文文献数字化的最终成果形式应是文献数据库，西夏文文献数据库的建立对于研究、保护和挖掘西夏文献也有积极的作用。最后，西夏文数字化研究属于文理交叉研究，文理交叉研究需要综合人文和自然科学的研究方法和技术来开展研究工作，这对笔者今后结合计算机和西夏历史文献知识来进一步开展西夏文信息处理的研究奠定了坚实的基础。

西夏文数字化研究所包含的文献范围不仅局限于西夏时期的西夏文文献，凡使用西夏文撰写的所有文献都属于其研究的内容。除古代文献外，现代西夏学学者的研究论著也应加入文献数据库中，这部分数据的加入对学界而言，主要起到信息交流和学术研究的效果，可以借助中国学术期刊数据库进行西夏文学术论文的收集与整理。此外，对于具有重要历史价值的西夏文物，如建筑、绘画、题刻碑文和艺术品等的数字照片也属于数据库的收录内容。通过整合上述内容，初步建立西夏文献数据库、西夏物质文化数据库和西夏学论著数据库，为今后建立西夏文数字博物馆打下基础。

  本书的研究还有待进一步深入，希望更多来自世界各地的学者和爱好者能够共同参与到西夏文献数字化的研究工作中，并最终实现将西夏文献数字化研究成果分享至网络上与学界共享的目标。随着学者们对西夏文献研究的逐步深入，西夏文文献数字化研究将得到更大的发展，西夏文文献数字化的研究内容也将更加丰富。今后，西夏文献数字化研究或许可以成为西夏学研究的热点之一。由于作者水平有限，书中难免有疏漏之处，敬请广大读者和各位专家批评指正。

第一节　西夏文数字化概述

  西夏是中国古代党项人在西北地区建立的王朝，西夏立国近两百年（1038—1227年）。西夏党项人积极吸收先进的汉族文明，凭借宜农宜牧的自然条件，创造了独具特色的西夏文化，推进了西北地区的民族融合及经济发展，为中国元代大一统奠定了基础。西夏王朝遗留下来大量的西夏文文献，这些文献对于研究西夏时期的中国历史具有极其重要的价值。西夏文化也是中华民族伟大文化宝库的重要组成部分。西夏文化的一个重要特点是其创制了自己独特的文字。夏景宗李元昊令大臣野利仁荣创制西夏文字的目的是要提高党项人的民族意识。但是，在西夏文字被创制前，拓跋李氏政权一直使用的是汉字，汉文化对党项族有着重大影响，这就导致西夏文字无论在造字原则还是在字的笔画、结构形态、书写规则上都与汉字相仿。

  西夏文字与汉字既有共同之处，也有不同的地方，它们的共同特点是：①都属于表意文字体系，具有难认、难写、难记的特点；②都属于方块文字，西夏文字的笔画也有汉字的点、横、竖、撇、捺、提等；③有相似的文字构成方法，80%的西夏文字都属于会意合成字，和汉字有大量的会意字、形声字相类似；④都有楷书、行书、草书、篆书等字体，西夏文字与汉字一样，也有书法艺术。西夏文字与汉字的不同之处在于：①西夏文字笔画繁复，大多笔画数均为十几笔；②西夏文字斜笔较多，即撇、捺的数量比汉字多，且四角饱满；③西夏文字没有像汉字那样有明显的偏旁体系；④汉字从原始社会的象形文字发展而来，有较多象形字，西夏文字则是党项人进入封建社会后才创制的，因而象形字极少；⑤西夏文字的语法结构与造句法与汉字不同，如汉字的"第一"，西夏文作"一第"；汉字的"开渠"，西夏文作"渠开"；汉字的"下雪"，西夏文作"雪下"；等等。

西夏文字现已发掘与整理了6000余字。西夏文字创制后，李元昊诏令在全国推行，在政府的积极推行和大力提倡下，西夏文字迅速流行起来，被应用于官方文书、民间契约和历史、语言、法律著作，大量的汉藏佛经、儒家经典也都被翻译成西夏文并刊行。西夏王朝灭亡后，西夏文字仍在一定范围内被继续使用，元朝先后雕印西夏文《大藏经》190种，687800卷。元顺帝至正五年（1345），在居庸关过街洞墙壁上刻有包括西夏文在内的六体文碑。① 明代亦刊印过西夏文佛经：典藏于故宫博物院的木刻版西夏文《高王观世音经》（一卷），发愿文标明刻经时间为大明朝壬子五年正月十五日，应为明太祖洪武五年（1372）；明弘治十五年（1502），在今河北省保定市建有西夏文经幢。据此可知，西夏文字自创制后，至少使用流传了460多年。现存资料中年代最早的西夏文文献是宋神宗熙宁五年（1072）的《瓜州监军司公文》，最晚的是河北保定明弘治十五年（1502）的西夏文经幢——"胜相幢"。此后，从明代中叶到清末，这种文字被人们遗忘了约四百年之久，成了无人可识的"死亡"文字。随着西夏考古成果及西夏历史文献不断被公布，西夏文字也逐渐被人们所关注。19世纪末至20世纪初，西夏学以西夏文字的重新发现与释读为开端而逐渐兴起。用西夏文字记录知识和信息的载体都可被视为西夏文文献，如纸本、金石瓷木等器物介质。如何利用计算机技术处理西夏文及西夏文文献已成为国内外西夏学研究领域的新热点。

近年来，西夏学研究在国内外引起了广大学者的高度重视，也取得了

---

① 参见杜建录《西夏历史与文化》，见宁夏大学西夏学研究院网站（https://xixia.nxu.edu.cn/whkf/lswh.htm）。

突破性的进展，大批西夏文文献资料经整理后被影印出版。目前，西夏文和西夏文献研究仍停留在传统手工翻阅查找阶段，因此，研究工作耗时费力，异常辛苦。计算机技术的迅猛发展无疑给西夏文的研究工作带来了新的契机。因此，对西夏文及西夏文文献进行数字化、文本化和网络化处理，并为西夏文献建立文本数据库具有重要的研究与应用价值。

目前，尽管国内外已有一些对西夏文及西夏文文献进行数字化处理的报道，但迄今还没有建立一个完整的西夏文数字化系统。为此，西夏学学者希望能够通过计算机显示西夏文字来实现西夏文和中文、英文的互译，并实现西夏文文献的数字化文本检索。这将大大加快学者们研究的进程并改善研究效果，同时丰富西夏文研究的成果。一些西夏学学者已经开始着手这方面的研究工作，但由于掌握的计算机技术有限，他们迫切需要从事计算机科学研究的学者也能够加入西夏文及西夏文献数字化研究的工作中。此外，从事计算机科学研究的学者虽然掌握了古籍文献数字化、文本化和网络化的计算机技术，却难以与西夏学研究进行有机结合，他们同样希望得到西夏学学者的帮助，并利用所掌握的计算机技术准确和快速地实现共同的目标。由此可见，本书的研究实现了自然科学与社会科学交叉融合的需要。

当前，西夏学研究领域内主要的文献著作有：①《俄藏黑水城文献》，由上海古籍出版社出版，已出十余册；②《中国藏西夏文献》，由敦煌文艺出版社出版，分为6编17卷，共20册；③《英藏西夏文献》，由上海古籍出版社出版，共5册。其中，《俄藏黑水城文献》所收录的西夏文献资料最多。除此之外，法国国家图书馆还藏有部分西夏文献，这部分文献是伯希和于1908年3月在敦煌莫高窟发现的；法藏西夏文献在数量上相对上述文献较少；日本也存有少量西夏文献。目前，上述这些西夏文文献均已被影印出版，其所包括的内容大体可分为：语言文字、法律社会、诗歌谚语、佛教经典、儒家经典、金石器物等六类。① 这些文献充分反映了当时西夏社会的基本状况及西夏时期党项人的社会生产生活状况。因此，如何将这些影印版的文献资料进行计算机数字化，并如何对数字化后的文

---

① 参见白滨《二十世纪西夏文文献研究》，载《二十世纪西夏学》，宁夏人民出版社2004年版，第140页。

献资料进行处理等问题急需及时研究与解决。

所谓文献数字化,是指将纸质、胶片和碑石题刻等经由传统物理介质保存的文献通过信息技术转化,并保存为计算机可识读的二进制数据的过程。随着现代网络技术的发展和进步,文献数字化亦包括对网络信息资源的收集、加工和利用,通过对资源的整合、组织与分类进而建立新的数字化文献资源库。可以通过计算机技术对这些数字化资源进行文献的检索、查询,并通过网络实现资源的共享。文理交叉是文献数字化研究的特点,其涉及的学科范围较广,除了文献学、历史学及语言文字学等学科的基本理论知识外,还必须具备数学及信息学在文献数字化研究中的相关理论。古籍文献数字化主要通过光学扫描设备将文献先转换为图像,然后再利用信息技术将数字化的图像转换为纯文本格式,即文献图像文本化。而对于像西夏文这样已消亡的民族文字,对其文献进行数字化的首要工作是语言文字的数字化,亦即计算机字库的建立,之后在语言文字库的基础上再进行文献的数字化研究。

当前,国内少数民族地区的相关大学都设有语言文字信息处理研究方向的相关专业。例如,内蒙古大学蒙古文信息处理技术重点实验室在语音处理(蒙语)、字幕机(蒙文)、语音文本转换(蒙文)、文字处理(蒙文)、图形文字刻绘(蒙文)、英蒙语言机器自动翻译、蒙文识别、蒙文内容检索及蒙文在互联网上的交换技术等方向均有相关研究;新疆大学在维吾尔语计算机处理研究方面也有较好的基础;西藏大学有藏文信息技术教育部工程研究中心,主要研究藏文的字符集编码等课题。在国际上,值得注意的是由多个国家共同合作的国际敦煌项目。1994年,旨在促进敦煌文物文献保护和研究以及数字化的国际敦煌项目(International DunHuang Project,IDP)正式成立,秘书处设立在大英图书馆。国际敦煌项目的早期工作主要集中在修复、保护与编目等方面,近年来加快了数字化步伐,目前正朝着将敦煌及丝绸之路文物文献全部转移至互联网上的目标努力。[①] 国际敦煌项目对西夏文及西夏文献网络数字化有很好的借鉴作用。

---

① 参见魏泓《数字敦煌 泽被学林——纪念国际敦煌项目(IDP)成立十周年》,载《国家图书馆学刊》2005年第2期,第34–38页。

第二节 西夏文数字化现状

随着学者们对西夏学研究的不断深入，以及西夏学研究成果的不断问世，西夏学已越来越受到人们的广泛关注。大批学者投入到与西夏学相关的研究中，并开始关注如何通过使用计算机处理西夏文。关于使用计算机处理西夏文的研究最早可以追溯到1972年，丹麦学者格林斯蒂德（Eric D. Grinstead）曾设计了一套西夏文字的计算机编码方案，但最终未能实现。[①] 20世纪90年代初，学者们为了出版与西夏学有关的著作，急需一套计算机西夏文字库及排版软件，但由于当时的经费和技术条件的限制，最终未能实现开发软件的愿望。[②] 在这期间，与西夏文有关的各类出版物几乎都是依靠照相制版、剪贴和校对的方法完成的，过程耗时、费力且效果不佳，由于制版方法烦琐导致出版物中遗留了不少本不该出现的错误。20世纪90年代末，西夏学学者李范文教授为将西夏文录入计算机而设计了四角号码和类似汉字的五笔字型输入法。[③] 当时，国内的大部分西夏文计算机编辑软件都采用了该四角号码输入法。

随着计算机技术的不断发展与进步，使得以个人或课题组形式开发字库及字处理系统成为可能。近年来，国内外的西夏学学者与计算机学者合作展开了对西夏文字库及配套文字处理系统的开发与研制工作。其中，国际上主要有日本、俄罗斯等国的学者进行过相关的研究工作。日本国立亚非语言文化研究所于1996年制作了西夏文字库和排版系统，该所的副教授荒川慎太郎与俄罗斯西夏学专家克恰诺夫（Е. И. Кычанов）合著了

[①] 参见聂鸿音《二十世纪西夏文字研究》，载《二十世纪西夏学》，宁夏人民出版社2004年版，第121页。
[②] 参见李范文《〈夏汉字典〉的编撰、四角号码分类和输入电脑问题》，载《宁夏社会科学》1997年第4期，第57–64页。
[③] 参见李范文《〈夏汉字典〉的编撰、四角号码分类和输入电脑问题》，载《宁夏社会科学》1997年第4期，第57–64页。

《西夏文字典》。1997年，中国学者李范文教授和日本学者中岛干起利用该排版系统合著出版了《电脑处理西夏文〈杂字〉研究》一书。

中国台湾地区"中央"研究院历史语言研究所与资讯科学研究所于1999年开始研制西夏文字库，并于2000年顺利完成，其原始字体的录入是依据《同音研究》校勘字形并加以数字化实现的。① 该所的研究人员还利用Access数据库建立了"西夏文字形属性资料库"，并将电子文档经由计算机程序进行西夏文字字频统计，试图找出西夏文字的常用字、次常用字，在当时具有一定的先进性。这对于当前的西夏文献数字化研究也有一定的借鉴意义。另外，日本今昔文字镜研究会制作了包括24个TTF格式的矢量字库，其中收录了日本《ISO 10646字符集》中的两万个汉字，《大汉和字典》中的五万个汉字，其余四万个字符包括甲骨文、梵文、大陆简体字、港台繁体字、水文、西夏文、越南喃字、汉字偏旁和造字部件、日文假名、俄文、拉丁文等各种常用字母和符号。2006年，美国加州大学伯克利分校语言学系的理查德·库克（Richard Cook）正式向国际Unicode组织提交了西夏文Unicode编码申请，库克最初建立了包含6000个西夏文字的编码表。在此基础上，英国学者安德鲁·威斯特（Andrew West）与中国学者孙伯君、景永时等继续合作完成了西夏文Unicode编码的字形整理与收集工作，并于2012年5月正式公布了西夏文Unicode编码文档。该文档的正式公布标志着西夏文国际标准化工作的基本完成，意味着西夏文字库机内码位占用问题基本被解决。国际西夏文Unicode编码的推出也标志着计算机字库编码标准的确立。有了西夏文Unicode编码，Windows等主流操作系统可以直接支持西夏文的输入与输出。此后，西夏文可以和中文、英文及其他文字同屏共存，用户在输入西夏文字时无须在西夏字体与汉字之间来回切换，且西夏文字可以和汉字同时进行字号、字体等的编辑与修改。

1999年11月，由马希荣担任主编、柳长青为主要完成人的国家自然科学基金项目"基于汉字字形的西夏文字研究"的成果《夏汉字处理及

---

① 参见高雅琪《西夏文字输入法》，载《第三届西夏学国际学术研讨会论文集》2008年，第153页。

电子字典》软件由清华大学出版社正式出版。该成果是按照四角号码和顺序号检字法对西夏文字进行排列、注音和释义的 Windows 单机版应用软件。① 它建立有 6000 个西夏文字的两种西夏文字库，西夏文字与汉字、英文混合排版编辑，实现了西夏文字的任意缩放输出，具有字处理软件的所有功能。成为当时国内外第一个能够独立完整地在个人计算机上进行西夏文、中文和英文互译，并同屏混排、输入、输出的软件产品。2005 年，景永时和贾常业开发了基于方正典码系统之上的西夏文录入系统，该系统主要解决了在方正飞腾、蒙泰等排版软件中的西夏文输入问题，并通过拼接和修改汉字字形的方法建立了西夏字库。同济大学西域古文献研究所的叶建雄、单迪等学者应用计算语言学的方法为西夏音韵学专题库设计了一个优化的系统结构，并建立了面向语音拟构的西夏文献数据库结构。2011 年，柳长青制作完成了一套西夏古籍字库，并开发了基于 Windows 7 操作系统的西夏文智能输入法，以及西夏文献文本化网络平台软件。该套西夏古籍字库与以往其他西夏文字库的不同之处在于其每个西夏文字的字形均取自原始文献，这种基于第一手资料建立的西夏文字库能够最大限度地保持西夏文字的真实面貌和原始特质。西夏文智能输入法软件能够在输入过程中实现光标动态跟随显示每个西夏文字的中英文释义，并能根据用户输入的西夏文字字频自动调整选字窗口中西夏文字的排列顺序。基于上述资源建成的西夏文献文本化网络平台，已经完成了大部分西夏文献的计算机文本化处理工作。2011 年，由中国新闻出版传媒集团有限公司牵头的"中华字库"工程也有西夏文字库的研发包。在语料库的建设方面，其他少数民族语言的语料库均有较好的基础。新疆大学从 2002 年起开始建设现代维吾尔语语料库系统，其包括五个部分：语料库、电子语法信息词典、规则库、统计信息库和检索统计软件包。目前，生语料库规模达 800 万词。内蒙古大学的中世纪蒙古语语料库收集了《元朝秘史》《黄金史》《回鹘式蒙古文文献汇编》等历史文献，还建立了包含 500 万字的现代蒙古语语料库，研究了蒙古文附加成分的自动切分、复合词的自动识别和语料的词性标注，获得了词频统计、音节统计、词类统计、附加成分统计等

---

① 参见马希荣《夏汉字处理及电子字典》，清华大学出版社 1999 年版，第 1 页。

数据。西北民族大学建立了1亿3000万个字节的大型藏文语料库，用于藏文词汇频度和通用度的统计。中国社会科学院民族学与人类学研究所建立了有500万个藏语字符的藏语语料库，用于词语切分和标注的研究。新疆师范大学也建立了有200万字的维吾尔语语料库。此外，云南少数民族语言数据库、纳西东巴文化研究数据库及古今文字集成网等都是成功的范例。

西夏文处理系统的研制与开发大大改善了使用计算机处理西夏文的现状，并逐渐在西夏学与计算机学科之间产生了一门新的交叉研究方向——西夏文信息处理。国内的计算机学者们也积极开展了一系列的科研工作，并获得了国家相关科研基金的支持。至此，西夏文计算机处理的领域已不仅仅局限于字库的建立和排版系统的开发，更多的学者将目光投向了西夏文献数字化和网络化、西夏文献数据库以及西夏文的国际编码和字形的标准化等研究领域。

当前，已公开发行并投入使用的西夏文计算机软件主要有：日本的今昔文字镜西夏字库，《夏汉字处理及电子字典》软件，西夏文字处理系统，北京中易电子公司开发的西夏文字库及基于郑码的输入系统，中国台湾地区"中央"研究院历史语言研究所开发的西夏字库软件，宁夏大学西夏学研究院开发的西夏数字化平台及西夏古籍字库系统。除此之外，还有西夏学学者自研但未公开的字库及数据库。

1. 今昔文字镜

该系统由日本文字镜研究所制作，包括24个TTF格式的矢量字库，共包括十一万个字符。其中，收录日本《ISO 10646字符集》的两万个汉字，《大汉和字典》的五万个汉字，其余四万个汉字包括甲骨文、梵文、大陆简体字、港台繁体字、水文、西夏文、越南喃字、汉字偏旁和造字部件、日文假名、俄文、拉丁文等各种常用字母和符号。该系统还提供了一个简易的检索工具——字符表，如图1-1所示。该系统的字例在字形结构方面，其字形笔画锋利，整体结构平直（如图1-2所示）。

由于该检索工具不能使用四角号码进行检索，只能在手工查找所需的西夏文字后利用软件提供的拷贝功能将所需的西夏文字粘贴到Word等字处理软件中，这种方法对于西夏文字的少量录入是可行的，但对于大量的录入工作则显得不太方便。该套西夏字库在国际上的研究中较多被采用。

图1-1 今昔文字镜字符表

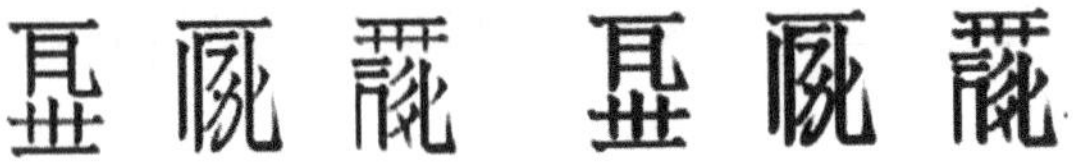

图1-2 今昔文字镜字例

2.《夏汉字处理及电子字典》软件

该软件包括两套西夏文字库，一部电子字典和一个西夏文字处理软件。软件开发语言采用可视化开发工具，字典数据库是开发者自行开发的数据结构文件。该软件提供汉夏互译及英夏互译功能，内置四角号码输入法，提供了一个西夏文字处理软件，并建立了包含6000个西夏文字的两套字库。

夏汉字处理输入法能够直接通过数字键盘输入4位四角号码加2位附号来检索西夏文字。选字区还提供了字形放大镜方便用户查看（如图1-3所示）。

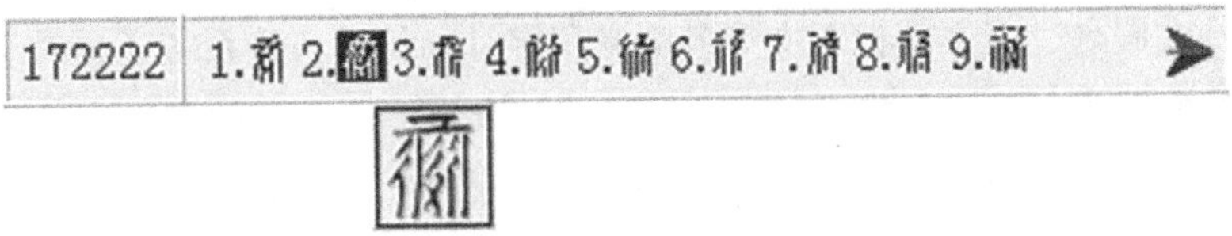

图1-3 《夏汉字处理及电子字典》输入法

该软件中的两套西夏文字库，其原始字形分别来自人工书写和《夏汉字典》1997年版字体。通过光学扫描技术将字形图片输入计算机后，再进行后续的数字化处理。其中，人工书写字体为毛笔手书，笔画较为粗重（如图1-4所示）。

图1-4 《夏汉字处理及电子字典》细体字库示例

《夏汉字处理及电子字典》软件从研制出版到生命期结束共计十余年，一度成为西夏学学者通过计算机输入西夏文字的主要软件工具。尤其在2000年前后，其成为国内主流的西夏文计算机处理软件，被西夏学学界广泛使用。但由于其存在一些错码、漏码等问题，以及软件制作者未能及时修订和更新，后期逐渐被其他软件所替代。

3. 《西夏文字输入法》软件

《西夏文字输入法》软件是中国台湾地区"中央"研究院历史语言研究所与资讯科学研究所合作研发的西夏文输入法软件。该软件包括一套西夏文字库、一个西夏文字的字形属性数据库及字频统计资料库。其西夏文字库的原始字形主要来源于"同音研究"校勘本。[①] 其字形是目前已正式出版的西夏文字库中较为接近西夏文原始字形的一套字库。西夏文字的字形属性资料库包括西夏文序号、字形、同音编号、笔画、部、品、型、修正音韵、页字、俄文编号、拟音、声类、调类、词义、例句、说明、夏汉字典编号、四角号码、附号、龚煌城先生的文海编号、《文海研究》编号、《义同一类》编号、西田龙雄先生的编号和Nevesky的编号。[②] 目前，该资料库仅对外开放《同音研究》索引的相关资料，包括部、笔画、品、音韵、页字、俄文编号、夏汉字典编号等常用属性，其余的资料还在不断修改中，暂未对外开放。

其西夏文字的字频统计资料库对九种西夏文献中的西夏文字进行了字频统计。这九种文献分别是《黄石公三略》（11484字）、《根本说一切有

---

① 参见高雅琪《西夏文字输入法》，载《第三届西夏学国际学术研讨会论文集》，2008年，第153页。

② 参见高雅琪《西夏文字输入法》，载《第三届西夏学国际学术研讨会论文集》，2008年，第155页。

部目得迦》（4906 字）、《根本说一切有部毘奈耶杂事》（5791 字）、《禅源诸诠集都序之解》（18980 字）、《禅源诸诠集都序干文》（3651 字）、《维摩诘所说经》（26042 字）、《大方广佛华严经》（15157 字）、《月月乐诗》（1398 字）、《将苑》（1237 字）。① 研究人员将这些文献作为样本，对 5777 个西夏文字进行了字频统计，发现出现频率最高的西夏文字为"𘜶"，总共出现 1376 次（占样本总数的 1.55%）。② 该字频统计资料库对于建立智能西夏文输入法有一定的借鉴作用。

4. 《基于方正典码之上的西夏文录入系统》

该系统的前身是 2005 年出版的、由景永时和贾常业编著的《基于方正典码之上的西夏文录入系统》。该典码录入系统是借助方正典码输入法的开放接口而建立的，能够在 Windows 95/98/ME 操作系统中运行，主要包含一套西夏字库和一个典码输入法。值得注意的是，该系统所建立的字体库一经推出便得到了西夏学学者的使用和推广，尤其在出版系统中有较好的应用。由于其西夏文字形是通过使用汉字笔画组合构造而来的，与汉字混排后风格统一、格式整齐、笔画粗细均匀，是一套较好的印刷体西夏字体库（如图 1-5 所示）。

图 1-5 《基于方正典码之上的西夏文录入系统》字体库示例

基于方正典码的输入法是借由方正典码汉字输入法软件加入西夏字码表文件后而建立的西夏文专用输入法。典码本身存在输入码限制，只能使用字母输入，因而该系统的编者采用了转义字符方式将四角号码中 0～9 的数字码转换为其汉语声母即 1—y、2—e、3—s、4—x、5—w、6—l、7—q、8—b、9—j、0—o（字母 o），其中由于 3 和 4 的声母相同，故用 x

---

① 参见高雅琪《西夏文字输入法》，载《第三届西夏学国际学术研讨会论文集》，2008 年，第 156 页。

② 参见高雅琪《西夏文字输入法》，载《第三届西夏学国际学术研讨会论文集》，2008 年，第 157 页。

代替4。例如，要录入四角号码为174422的西夏字则需输入yqxxee。① 这种转化实属无奈之举，在没有软件源代码支持的情况下，这种变通基本实现了西夏文字的输入，只是对于初学者来说还需要一个熟悉的过程，一旦使用熟练后便可快速输入西夏文字。2007年，基于典码的西夏文处理系统的编者公布该系统的更新升级版本，即《西夏文字处理系统》。该系统中的西夏文字库是对方正典码系统中字库的修订及升级，而输入法则改换为万能五笔输入法为平台而制作的西夏文外挂式输入法。该输入法仍然沿用了典码系统中"数字—字母"的转换方式。2007年版的软件配有一张光盘及一本使用手册。西夏文字处理系统的出版进一步推动了国内西夏文数字化的研究进程。2011年，该系统进行了部分功能的升级与改进。

5.《西夏文古籍字库》软件

《西夏文古籍字库》软件是由宁夏大学西夏学研究院的研究人员开发的西夏文数字化处理系统。该系统包括一套西夏文古籍字库、一个西夏文献数字化平台及西夏文智能输入法和在线夏汉电子字典软件。② 西夏文古籍字库的字形主要来自《同音》及《番汉合时掌中珠》等西夏文辞书文献。其字形是将原始西夏文献中的西夏文字进行切割后扫描输入计算机，利用计算机图形学的相关技术提取与切割图像的轮廓信息，再将提取后的字形存储并加以修饰，最终得到一套基于原始西夏文字的西夏文古籍字库。该字库建立的目的是希望能够尽可能地保存原始西夏文字的笔画及笔锋、力道等信息，尽可能体现原始西夏文字的风貌（如图1-6所示）。

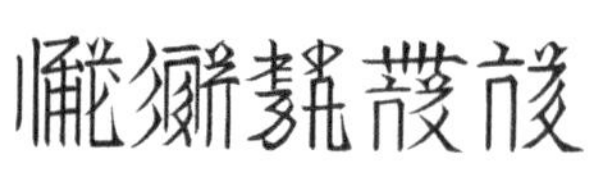

图1-6 《西夏文古籍字库》字形示例

西夏文献数字化平台是基于《西夏文古籍字库》基础上的文献数字化显示及检索平台。在该平台下，用户可以通过查看原始文献扫描图像得到

---

① 参见景永时、贾常业《基于方正典码之上的西夏文录入系统》，香港社会科学出版社2005年版，第8页。

② 参见杜建录《西夏学：首届西夏学国际论坛专号（下）》，上海古籍出版社2010年版，第200页。

第一手西夏文献资料,并可以通过数字化得到该文献图像的纯文字版本的电子文档,且还能在该文档中进行检索及查询显示,如图1-7和图1-8所示。通过网络在线平台,用户还可以对所检索的关键字内容进行全库查询检索,即对已入库的所有西夏文献进行关键字查询操作,最终可以得到与该关键字有关的上下文内容条目。

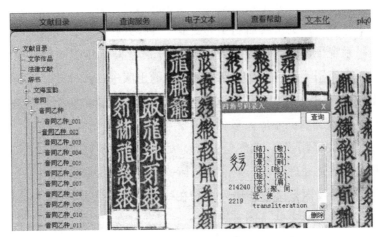

图1-7 西夏文献数字化平台

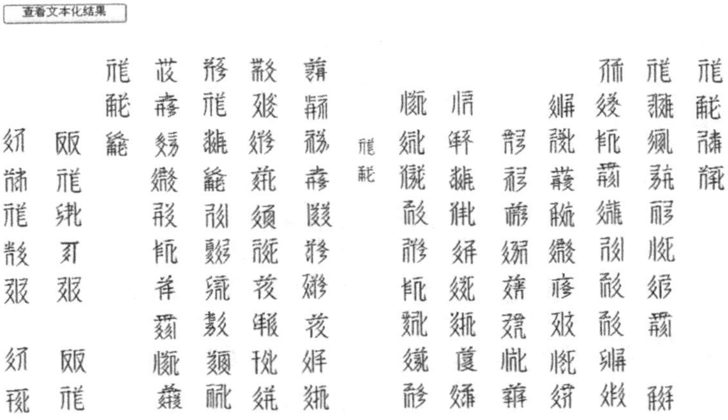

图1-8 自动纯文本化处理后的电子文档页面

第三节　研究意义

作为中国历史文化的重要组成部分，西夏文及西夏文文献对中华文明乃至世界文明具有重要的意义，西夏文文献数字化对研究和了解西夏文化提供了强有力的工具。本书的研究意在为西夏文数字化的推广铺平道路，对其他少数民族古籍文献的网络数字化研究起到借鉴作用，同时也为建立中国西夏文化网络数字资源做好基础性和原创性的工作。

近年来，随着西夏学研究的不断深入和计算机技术的不断进步，西夏文的计算机处理也越来越受到人们的广泛关注。经过学者们多年的努力，西夏文的计算机处理已取得了一些成绩。目前，已经有多套西夏文字库可供西夏学学者使用，经过计算机学者多年的开发，已有成熟稳定、方便易用的西夏文电脑输入法供西夏学学者进行西夏文的计算机录入处理。这些都为西夏学学者借助计算机辅助研究西夏文文献，并为西夏文文献进行数字化处理提供了便利条件。但相比中文、维吾尔文和蒙古文等语言文字的计算机处理技术，西夏文信息处理技术尚处于起步阶段。在国家的大力支持下，许多科研机构都开发了多种民族文字的处理技术及应用系统。蒙古文、藏文、维吾尔文、朝鲜文、彝文信息处理技术均先后获得了国家标准或国际标准的认可。

西夏文文献主要包括语言文字文献、法律社会文献、诗歌谚语文学作品、佛经文献、译自汉文的典籍文献、金石文献几大类。这些文献总体上又可划分为两大类：世俗文献和宗教文献，其中以宗教佛经文献为主，大约占西夏文文献总量的80%，约450万字，主要以刻本居多。据史料记载，自景宗李元昊起到崇宗李乾顺为止，西夏王朝用了53年的时间完成西夏文佛经翻译3579卷，共820部。西夏文佛经的刊印一直持续到元、明两代，因而西夏文佛经流传得较广。西夏文佛经分别译自汉文佛经和藏文佛经，内容包含佛典中的经、律、论三藏。研究西夏文佛经的译释是解读西夏文字的重要途径，对译自汉文、藏文的西夏文佛经进行回译也是整理西夏文佛经必不可少的工作之一。① 其余的世俗文献以社会文书居多，书写方式主要是手写体草书。因此，如何对上述文献进行数字化和文本化加工处理的相关问题急需研究与解决。

建立在这些已有的西夏文计算机处理成果基础上的、面向西夏文进行大规模数字化处理与加工的时机已经成熟。首先，研究者们通过建立西夏文数字化资源库并借助计算机检索技术来研究西夏文的字形结构、词汇、语料、语法、文献属性等内容，对西夏学研究具有重要价值，同时对计算机辅助解读西夏文文献及其与藏文、汉文等相关语言文献资料之间的对比释读研究也有极其重要的意义。其次，利用西夏文计算机数字化资源的开放特征，可随时跟踪学术界的最新研究动态，不断将新发表的西夏文资料、研究资料等内容添加进数据库。最后，利用西夏文数据库对已公布的西夏文资料进行穷尽式的检索与对比研究将有助于推动西夏学研究向更深层的领域迈进。这也将更加丰富探究西夏学研究的手段，并大大加快西夏文及西夏文献的解读速度和研究进度。

进入 21 世纪后，西夏文计算机数字化研究已经取得了长足发展。回顾近十几年的西夏文数字化历程，其从无到有的发展，每一步都倾注了学者们的心血，每一次的突破也都推动着西夏文数字化向着实用的方向迈进。未来，西夏文计算机数字化研究应从以下几个方面继续开展研究工作：西夏文字库的标准化及其国际编码方案的建立与完善；西夏文及西夏文献数据库的建立，西夏文献数据库应涵盖语言、文字、音韵、西夏文献及西夏艺术等方面的内容；西夏文数字化应用的开发。

围绕西夏文数字化技术进行一系列的西夏文化产品的开发，可以使西夏王朝的历史与文化在 21 世纪重新焕发生命力。西夏文数字化应用将对国民经济各个部门产生广泛的关联带动作用。新技术革命为文化功能的扩展提供了新的方法，催生出一系列新的文化业态，如数字 3D 电影、网络服务、动漫游戏、数字媒体、手机视频等等，对经济发展的贡献率明显提高。而数字西夏在上述各个方面还有待进一步的开发。如何将西夏学的成

---

① 参见白滨《二十世纪西夏文文献研究》，载《二十世纪西夏学》，宁夏人民出版社 2004 年版，第 140 页。

果应用于社会并产生经济效益是今后的主要研究方向之一。总之，西夏文计算机数字化还是一个亟待挖掘和研究的新兴领域，在西夏学学者与计算机学者的共同努力下可能会有新的进展。西夏文数字化研究对西夏学在国内外的文化交流方面具有重要作用，对加快文化事业发展具有重要价值，是促进传统文化发展、交流与合作的重要手段。

第二章　西夏古籍字库

　　字库是计算机系统中为使操作系统能够显示用户所需的语言文字而建立的字形文件。通过回顾个人计算机的发展历史，不难发现字库的发展主要经历了点阵化和矢量化两个阶段。最早的个人计算机都是以点阵的方式来显示字符的。过去的单色显示器一般能够显示 25×80 个字符，而在这种英文模式下基本无法显示像汉字这样的表意方块字。后来，随着彩色图形化显示器的问世，汉字得以在计算机屏幕中显示。最早的汉字是通过点的方式"写"在计算机屏幕上的，当时的汉字库主要记录的是汉字的点位信息。在点阵字库中通常有 16×16、24×24、32×32 等多种规格的点阵字库。这些字库记录的点阵信息比较简单，类似电灯的点亮与熄灭，有笔画的地方记录点为 1，反之则记为 0，通过这样的二进制方式记录一个汉字在一行中的笔画特征。但是，这种点阵字库最大的缺点是字库规格一旦被确定，字体的大小也就随之被确定，比如 16×16 点阵规格的字库显示的文字就只有横纵 16 个像素点那么大，若要放大便会出现锯齿和"台阶现象"。随着计算机图形技术的不断发展，由微软公司创建的新一代字体技术 True Type 字库则完全克服了点阵字库的缺陷。True Type 字库也可称为矢量字库，其特点是字体库中的字形在理论上可以被无限地放大，同时不失真、不变形。这主要得益于矢量字库记录的是字体的方向特征信息。现在的计算机系统已经全部使用矢量字库来显示语言文字。一套完整的字库在面市前要经历字体设计、扫描输入、数字化拟合、修字、质检、整合成库、测试和商品化等多个流程。

　　西夏文字库的基本建立方法和汉字库的建立方法相同，都需要通过建立矢量的笔画结构来构建文字。由于西夏文字已经逐渐消失且无人使用，因而现代人只能通过临摹西夏文古籍文献来学习和掌握西夏文字。在这个临摹的过程中，势必会加入写字者书写汉字的风格与习惯，因而很难保证西夏文的原始风貌。通过临摹或汉字部首拼接制作出来的西夏古籍字库基本可以算作现代人的"精心"设计之作，而对于像西夏文字这样已经失传了的语言文字，其字体库的建立应尽可能地通过原始文献来提取字体的字形。无论是临摹还是采用现有的楷体汉字笔画拼接的方法都不容易真实反映西夏文字的原始状态。

西夏古籍字库建立的关键是如何选取字模文献，选取西夏文文献来提取西夏字库字模成为古籍字库能否成功建立的前提。西夏文文献按照书写方式主要分为手写体、刻本印刷体和碑文题刻字体等三大类。其中，手写体的西夏文文献主要集中在一些西夏世俗文献当中，多为西夏时期党项族民间的手写借贷凭证或契约等。这些手写体文献中的西夏文字写法各异、字形不统一，很难作为古籍字库的备选字模文献。在刻本印刷体的文献中，西夏文字的风格和结构在同一个版本中基本统一且较为标准，因而这部分文献应该是西夏古籍字库的首选字模文献。西夏古籍字库也可分为标准体字库和艺术体字库两大类。所谓标准体字库是指所有字模均来自西夏时期的权威字书或辞书刻本文献；艺术体字库是指建立西夏古籍篆体等字体库，这部分字库的字模可以取自于西夏时期的碑文石刻中的西夏篆文。由于西夏篆体碑文的西夏文字数量有限，因此需要进行大量的搜集整理工作。本书已对大部分西夏文辞书文献进行了数字化和图形图像预处理，已建立了6073个西夏单字的22125幅来源于不同文献的整字切割图片，存储了容量为475Mb字节的数据。同时，笔者进行了西夏字形和部首的拆分，得到了每个西夏文字的部首坐标、位置信息等数据，为进一步研究西夏文"字料库"提供了数据支持。

第一节 建立古籍字库的必要性

在西夏文字库研究领域内，主要有日本、中国大陆和中国台湾地区的学者进行过研究工作。1997年，中国学者李范文教授和日本学者中岛干起利用西夏文排版计算机系统合著出版了《电脑处理西夏文〈杂字〉研究》一书。1999 年,由马希荣主编的国家自然科学基金项目"基于汉字字形的西夏文字信息处理研究"的成果——《夏汉字处理及电子字典》软件由清华大学出版社正式出版发行,该成果建立了西夏文手写体和楷体共两套西夏 True Type 字库,是国内首个可以投入实际应用的基于 Windows 操作系统的西夏文录入编辑与排版软件。中国台湾地区"中央"研究院历史语言研究所的龚煌城和林英津于 2000 年合作开发了西夏文字形属性资料库,并建立了一套西夏文字库。2005 年,景永时等利用方正典码系统制作了一套基于汉字库字形的西夏文字库,该字库包含了已有的 6000 余个西夏文字,并加入了 400 多个西夏文字部首,同时还利用"万能五笔"输入法软件实现了西夏文四角号码的输入。另外,以日本学者古家时雄为首的文字镜研究会也开发了汉字库,该字库包含了十一万个字符。共收录了汉字、甲骨文、金文、西夏文、梵文、越南喃字等多个矢量字体库。日本国立亚非语言文化研究所副教授荒川慎太郎与俄罗斯西夏学专家克恰诺夫(Е. И. Кычанов)合著的《西夏文字典》中的西夏文字就采用了文字镜西夏文字库。北京中易中标电子信息技术股份公司也开发过"中华西夏文处理系统",建立了包含 6000 多个西夏文字的西夏字库,并采用郑码输入法输入西夏文字。

上述字库大多是通过人工隶定楷化后生成的,所造西夏文字均带有明显的现代汉字风格,不能体现原始西夏古籍文献中西夏文字所具有的力道与美感。而如何建立一种字形优美、字体标准并能体现出西夏时期西夏文刻本特质的西夏文字库还属空白研究领域。因此,建立一套来源于西夏时期古籍文献的原始西夏文字库对于推进西夏文字库的标准化及数字化有重要意义。

第二节 西夏文字形结构分析

西夏文字形结构分析与统计分析是西夏文字形学包含的必不可少的一部分内容。在西夏文字的编码研究中,要提取规范、相容的部分作为编码的基本元素，对于变形或异体字形式，要进行大样本的抽样统计。因此，西夏文字形结构分析与统计在西夏文字形学、西夏文字编码以及西夏文字识别的研究中都有着极其重要的地位。

国内外的西夏学专家在西夏文字形结构方面已有了一定的研究成果。西夏文献中涉及西夏文字的原始字辞书主要有九种：《同音》《文海宝韵》《同音文海宝韵合编》《番汉合时掌中珠》《三才杂字》《纂要》《同义》《五音切韵》《新集碎金置掌文》等等（这其中又以《同音》和《文海》刻本为主）。我们可以借鉴汉字规范化的原则和方法，根据西夏文字本身发展变化的规律，以"约定俗成""字形构造""据形系联"等原则对西夏文字进行结构分解。① 日本西田龙雄教授在其著作和论文中都反复提到有关西夏文字形结构方面的内容。西田龙雄教授主要对西夏文字的基本组成要素、基本要素如何组成西夏文字及为何这样组合等问题进行了深入研究。通过对全部西夏文字的形体分析和对比，西田龙雄教授总结出西夏文字的 350 种"基本要素"。其中，文字要素组合样式共有 44 种②，如图 2-1 所示。

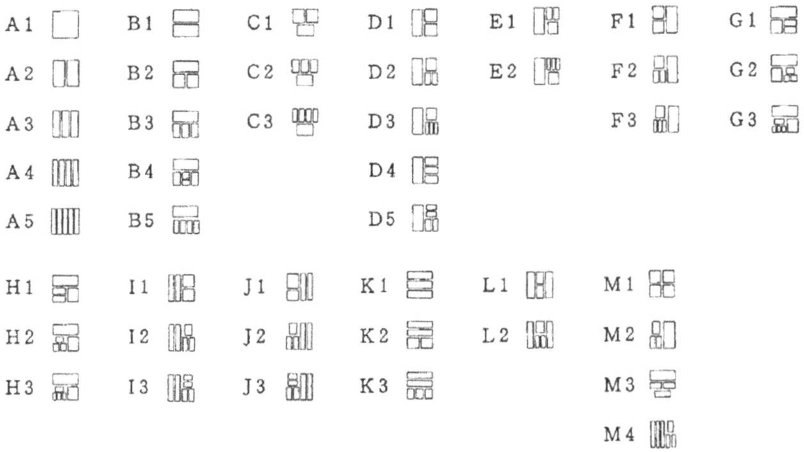

图 2-1 西夏文字要素组合样式

---

① 参见韩小忙《西夏文正字研究》（博士学位论文），陕西师范大学 2004 年。
② 参见西田龙雄《西夏語の研究》，座右宝刊行会 1964 年版，第 246 页。

通过对 6073 个西夏文字的结构进行分解，西田龙雄教授总结得出的 44 种组合样式都可以通过图 2-2 的 12 种表意文字描述符（ideographic description characters）来进行统一表述。① 而这 12 种表意文字描述符又是国际 Unicode 编码为描述表意文字而设计的（如图 2-2 所示）。

图 2-2　表意文字描述符

利用 Unicode 表意文字描述符可以将西夏文字的结构进行分解。西夏文字分解示例如下：

𗹦 = ⿰ ⿱ ⿰ 𘞃 ⿰ 𗀔𗆐

西夏学专家史金波教授将西夏文字形结构归纳为如下五大类。

(1) 单纯字：如"𘞃""𗀔""𗆐""𘟣"等。

(2) 会意合成字和音意合成字：如"𘙰"的字形合成为"𘜎" + "𘟣"，发音合成为"𘜏" + "𘟣"。

(3) 反切上下合成字：𗹦 = 𗹦 + 𗹦，𗹦 = 𗹦 + 𗹦。

(4) 间接音意合成字和长音合成字：𗹦 = 𗹦 + 𗹦。

(5) 左右互换近义字：如"𘞃"（兽）与"𘞃"（兽），"𗀔"（指）与"𗀔"（趾）。

通过用计算机对西夏文字笔画数进行统计，并将其与汉字笔画数进行对比，可以发现西夏文字与汉字有较多相似的地方。这些相似主要体现在笔画数的分布基本一致，集中分布区域的字数也大致相同，笔画数统计柱状图的总体趋势也基本一致。

通过对比简体中文和西夏文笔画数分布柱状图②（如图 2-3、图 2-4 所示）发现，西夏文字从笔画数 5 开始分布，直至 24 画后结束。而汉字

---

① 参见魏安《Tangut》，见 BabelStone Blog 网（http://www.babelstone.co.uk/Blog/2009/08/how – complex – is – tangut. html）。

② 参见魏安《Tangut》，见 BabelStone Blog 网（http://www.babelstone.co.uk/Blog/2009/08/how – complex – is – tangut. html）。

繁体从1画到48画均有分布，简体汉字则从1画到26画均有分布，26画以后则极少有简体汉字出现。通过西夏文字与汉字的笔画数统计分析可以发现，西夏文字与汉字的笔画数比较相近。这能否给西夏文造字原理提供一些有益的启发或能否揭示汉字与西夏文字之间的某种联系，还留待文字学专家进一步研究与解决，不过这些数据也可以作为西夏文字源于汉字的例证。

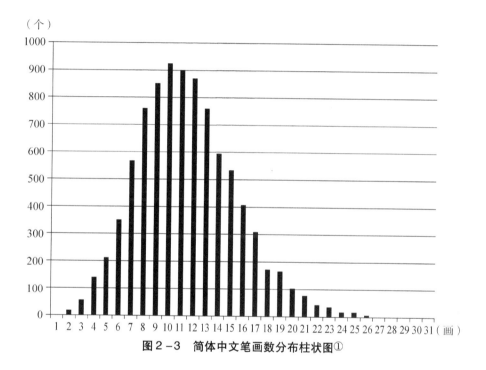

图2-3　简体中文笔画数分布柱状图①

---

①　数据来源于Unicode1.0中的Unihan Database的kTotalStrokes字段。

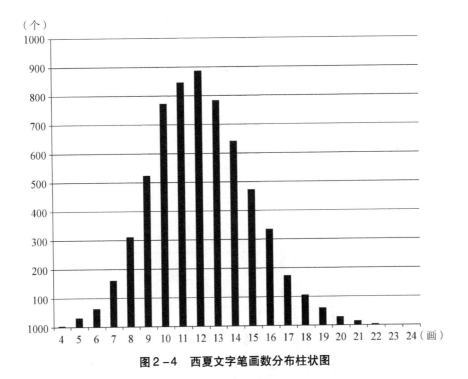

图 2-4 西夏文字笔画数分布柱状图

第三节　古籍字库建立方法

西夏古籍字库中的每一个西夏字模均来自原始文献扫描图，且最大限度地保留了古籍文献中西夏文字的原始风貌，尽量不对其进行后期的人工加工，这样建立的西夏字体库也会比依传统方法建立的西夏字库更为准确一些。西夏文古籍字模制作主要分为字稿选择、图像预处理、轮廓提取三个部分（如图 2-5 所示）。其中，图像预处理又分为高精度电子化和数字化拟合两个步骤。最后，利用拟合图像生成字模信息建立 True Type 字体库文件。

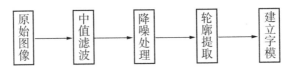

图 2-5　字模提取流程

古籍字库不同于一般字库,其字稿来源于西夏古籍文献辞书文献,辞书的选择以清晰可辨的刻本文献为主。本书主要选取了《同音》甲种本和乙种本、《番汉合时掌中珠》甲种本和乙种本,后期还将对西夏文献中的佛经刻本文献进行处理。确定字稿后,将会对选择的文献进行高精度电子化扫描及图像预处理。经过扫描后的图像需要进行二值化和去除噪声处理。全局阈值法是较为常用的一种图像二值化方法,首先利用公式(2-1)将真彩图像转换为灰度图像,再利用中值滤波对图像进行平滑处理。通过中值滤波能够有效消除文字外的噪点,并使文字边缘清晰化。最后,利用阈值变换,将灰度图像转换为二值图像(如图2-6和图2-7所示),并对转换为二值图像的西夏古籍文稿再做多次中值平滑处理。

$$Y = 0.299 \times R + 0.587 \times G + 0.114 \times B \qquad (2-1)$$

图2-6 彩色、灰度及二值图

图2-7 Bezier曲线西夏古籍中的空心字

一、西夏文字符编码方案

1.《信息交换用汉字编码字符集 基本集》(GB 2312-80)

西夏文字属表意文字,若将已考证并解读的6000余个西夏文字存储于计算机中,一种简单的方法是将《信息交换用汉字编码字符集 基本集》汉字库中的汉字码位用西夏文字代替。

《信息交换用汉字编码字符集 基本集》将常用汉字放在94×94的区

域中,即总共可以放置 8836 个常用汉字。而目前,西夏文字一共有 6000 多个,将这些西夏文字按汉字区位码排列在 16～94 区的 94 个码位中,剩余的码位还可以放置 400 多个西夏文字部首。由于这种方法占用汉字码位,在进行西夏文字与汉字的混合排版时,用户必须单独选择西夏字库才能显示和编辑西夏文字,而不能与汉字同时设置字体。因此,用户在使用时需要在汉字库与西夏字库之间进行切换。

2. GBK 大字符集

GBK 的全称为"汉字内码扩展规范",英文名称为 Chinese Internal Code Specification,由全国信息技术标准化技术委员会于 1995 年 12 月 1 日制订。它延续了《信息交换用汉字编码字符集 基本集》的编码体系结构,采用双字节混合编码,与现有绝大多数操作系统、中文平台在一级内码兼容,并支持现有的应用系统;在字汇上则与《信息技术 通用多八位编码字符集(UCS) 第一部分:体系结构与基本多文种平面》(GB/T 13000 - 2010)兼容;同时还收录了藏文、蒙古文、维吾尔文等主要的少数民族文字。GBK 码在一定程度上缓解了多语言字符同平面共存、汉字收字不足、繁简共存的问题。GBK 码的码位分配总体上采用 8140H - FEFEH 的矩形区域,并且剔除了 XX7FH 一条线,总共有 23940 个码位。这些码位被分配成汉字区、图形符号区和用户自定义区(图中灰色部分)三个区域。(如图 2 - 8 所示)

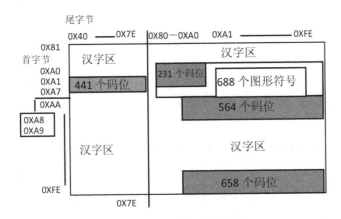

图 2 - 8 GBK 码位分配图

其中，汉字区共有21008个码位，《信息交换用汉字编码字符集　基本集》的汉字被分配在B0A1H–F7FEH区，《信息技术　通用多八位编码字符集（UCS）　第一部分：体系结构与基本多文种平面》的扩充汉字被分配在8140H–A0FEH及AA40H–FEA0H区，CJK兼容汉字被分配在FD9CH–FE4FH区，80个增补汉字部首及构件被安排在FE50H–FEA0H区。日本和中国台湾地区的学者所建立的西夏字库就在上述汉字的CJK兼容区内。中国学者马希荣等则使用AAA1H–AFFEH、F8A1H–FEFEH及A140H–A7A0H三个区域，即图2–8中的三个灰色矩形区域，该区域被称为用户自定义区。利用用户自定义区可以避免与汉字或其他字符的码位冲突问题，但需要采用字体位面技术，将6073个西夏文字映射在4种字体库的用户自定义区中。每种字库提供1894个码位，4个字库一共可放1894×4个，即7576个字符。这样就可以全部放下6073个西夏文字且不占用汉字码位。采用这种方法的技术被称为位面技术（如图2–9所示）。通过这种方法创建的字库已不占用汉字码位，是对《信息交换用汉字编码字符集　基本集》建库编码的改进，但该方法仍需在不同字体之间进行切换。

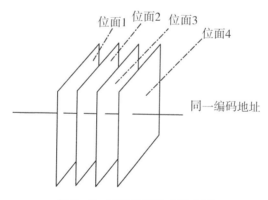

图2–9　字体位面技术示意图

3. Unicode 编码

Unicode是国际组织制定的可以容纳世界上所有文字和符号的字符编码方案。Unicode 5.2版本于2009年10月1日被正式推出。目前，使用的Unicode版本对应于UCS-2，使用16位的编码空间。这16位Unicode字符构成基本多文种平面（Basic Multilingual Plane，BMP）。

美国加利福尼亚大学伯克利分校语言学系理查德（Richard Kern）博士于2006年首次向国际Unicode组织提交了西夏文Unicode编码申请。① 英国汉学学者安德鲁（Andrew West）博士与来自中国、爱尔兰、俄罗斯及日本的西夏学研究人员一道，继续开展西夏文Unicode编码的申请工作。② Unicode组织为西夏文分配的码位范围从U＋17000至U＋18715共5910个字符位，收录了1986年、1997年李范文《夏汉字典》字体（1999年马希荣制作的2套字库），韩小忙字体（2004年《西夏文正字研究》所用字体），荒川慎太郎字体（2006年"文字镜研究会"所用字体），景永时字体（2008年《西夏文字处理系统》所用字体）等作为西夏文字形数据库。西夏文Unicode编码的建立解决了占用汉字码位、夏汉同屏共存等问题，对于西夏文字库的国际标准化具有非常重要的作用。

上述三种编码方案均有各自代表性的西夏文字库。在不同时期，三种编码方案对西夏文字库的建立和发展都起到了一定的推动作用。随着计算机技术的不断发展，采用Unicode编码方案的字体库将是今后一段时间内的主流趋势。本书讨论的西夏文古籍字库将采用Unicode编码方案进行字库编码。

二、西夏字形轮廓提取算法

水平集方法（Level Set Method）是一种较有特色的边缘检测方法。该方法将二维（三维）的闭合曲线（曲面）演化问题转化为三维（四维）空间水平集函数曲面的隐含方式来求解，避免处理拓扑结构变化，因而计算过程稳定。水平集方法把随时间运动的物质界面看作某个函数$\varphi(\vec{x},t)$的零等值面，$\varphi(\vec{x},t)$满足一定的方程。在每个时刻t，我们只需要求出函

---

① 参见理查德·库克《Tangut Unicode》，见Richard Blog（http://linguistics.berkeley.edu/~rscook/html/writing.html）。

② 参见魏安《Tangut》，见BabelStone Blog网（http://www.babelstone.co.uk/）。

数 $\varphi(\vec{x},t)$ 的值,就可以知道其等值面的位置,也就是运动界面的位置。构造函数 $\varphi(\vec{x},t)$,使得在任意时刻,运动界面 $\Gamma(t)$ 恰是 $\varphi(\vec{x},t)$ 的零等值面,即

$$\Gamma(t) = \{\vec{x} \in \Omega : \varphi(\vec{x},t) = 0\} \qquad (2-2)$$

$\varphi(\vec{x},t)$ 的初值应满足在 $\Gamma(t)$ 附近为法向单调,在 $\Gamma(t)$ 上为0。一般可取 $\varphi(\vec{x},0)$ 为 $\vec{x}$ 点到界面 $\Gamma(0)$ 的符号距离,用 $d(\vec{x},\Gamma(0))$ 表示。

$$\varphi(\vec{x},0) = \begin{cases} d(\vec{x},\Gamma(0)) & x \in \Omega^1 \\ 0 & x \in \Gamma(0) \\ -d(\vec{x},\Gamma(0)) & x \in \Omega^2 \end{cases} \qquad (2-3)$$

为了保证在任意时刻函数 φ 的零等值面就是活动界面,φ 要满足一定的控制方程。首先,需要求得在全图像范围内的各个网格点到当前轮廓曲线距离为零的点,然后依次连接所有得到的点来获取新的初始轮廓曲线。如此反复迭代直到图象分割完成。通过采用黄福珍和苏剑波的研究中的窄带方法将计算区域局限在曲线周围一个较小的区域,当曲线演化到区域的边界时,再重新以当前新得到的曲线为中心建立区域。① 本书采用上述方法得到了较精确的西夏文字轮廓线(如图2-10所示)。

图2-10 西夏文字轮廓提取图

本书利用上述方法生成了5652个西夏古籍字模。其中,有421个西夏文字由于字稿图像过于模糊及残缺而无法提取完整的轮廓线信息,故拟

---

① 参见黄福珍、苏剑波《基于 Level Set 方法的人脸轮廓提取与跟踪》,载《计算机学报》2003年第4期,第491-496页。

采用部件法构造,留待今后进一步开展研究。

本书随机选取了西夏古籍文献影印图像中的 200 个西夏文字进行轮廓提取,并建立了相应的测试样本库。这些被选取的西夏文字均来自原始西夏古籍文献。根据《夏汉字处理及电子字典》中的西夏文字四角号码检字法,可以在《夏汉字处理及电子字典》中查到这 200 个西夏文字的汉文注解。同时,在《夏汉字处理及电子字典》提供的两套 True Type 西夏字体库中也有这 200 个西夏文字对应的 True Type 字模数据。因此,通过对 True Type 西夏字体轮廓与西夏古籍文献中西夏文字轮廓的比对研究,可以实现西夏古籍文献影印图像到 True Type 西夏字体文本的转换,进而实现西夏古籍文献的数字化与文本化。

图 2-11 至图 2-15 是所选取的测试样本库中的五个典型样例。其中,图 2-11 为西夏文字"𘕕",是第 3195 号西夏文字,四角号码为 274220,中文释义为词、句;英文释义为 word, sentence。

图 2-11　西夏文字"𘕕"的轮廓提取

图 2-12 为西夏文字"𘓐",是第 0516 号西夏文字,四角号码为 122450,中文释义为绚丽、严、昼、麒麟;英文释义为 gorgeous。

图 2-12　西夏文字"𘓐"的轮廓提取

图 2-13 为西夏文字"𘄡",是第 0089 号西夏文字,四角号码为 104140,中文释义为上、在、披、於;英文释义为 upper, on。

图 2-13　西夏文字"珌"的轮廓提取

图 2-14 为西夏文字"焱",是第 0541 号西夏文字,四角号码为 124400,中文释义为庄严、端正、美好;英文释义为 dignified。

图 2-14　西夏文字"焱"的轮廓提取

图 2-15 为西夏文字"祾",是第 1634 号西夏文字,四角号码为 182420,中文释义为珞、络、网、莉;英文释义为 jade,necklace,net。

图 2-15　西夏文字"祾"的轮廓提取

图 2-16 为上述五个西夏文字在《夏汉电子字典》中的 True Type 空心轮廓字效果。

图 2-16　西夏 True Type 字体轮廓字

图 2-17 为五个样例在西夏古籍文献原件扫描图中出现的具体位置标记。

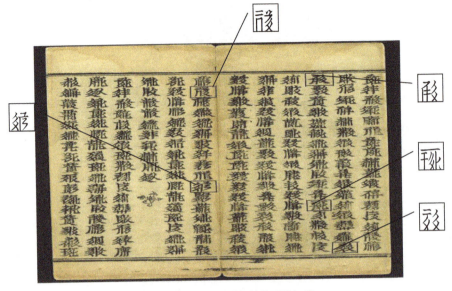

图2-17 西夏古籍文献原件扫描

为了比较不同光滑度下的提取效果,通过调节控制参数 ε,得到了随机选取的 200 个古籍西夏文字的测试样本库的提取结果(详见表 2-1),其中 ε 的取值范围在 0.2～0.8,取值越大轮廓越趋于光滑。

表2-1 测试样本库提取率

ε 参数值	0.2	0.5	0.8
提取正确率	90.95%	93.08%	94.68%

由表 2-1 的结果可以看出,采用水平集方法可以较精确地提取出西夏文字的轮廓。通过分析图 2-9 的提取效果发现,图像的前期预处理的质量对提取效果有较大影响。另外,由于部分西夏古籍文献保存不善,导致文献的笔迹缺失,这也是影响提取效果的一个关键因素。

近年来,西夏文古籍字库的建立与研究已受到了西夏文研究学者及计算机学者的密切关注。本书的西夏古籍字库是基于西夏古籍文献原始图像之上的字库而建立的。该字库能够较好地保持西夏文原有的风格与特质,并能真实地还原西夏文字的形态。由于原始资料有限,有 400 余个西夏文字的原始图像无法较好地被提取轮廓，因此，今后还将进一步研究利用古籍文字部首部件拼接组合古籍西夏文字的处理方法，并借此进一步研究西夏文字的构造原理及西夏文字的结构规律。西夏古籍字库的建立，对于西夏文信息处理及西夏古籍文献的数字化有一定的促进作用，同时也为西夏文国家标准字库的建立提供了有益的参考，对其他少数民族语言文字的字体字库建立也有一定的借鉴与参考价值。

第三章　西夏文献数字化的方法

西夏文的计算机录入一般分为图像录入和文本字符录入两种方式。其中，图像录入又可分为数码照片拍摄和光学扫描。学者们多数使用数码相机的拍摄功能进行文献的数字化处理，比如在田野调查期间遇到有价值的资料时通常都会随手拍照以备后用。使用数码相机拍摄的特点是方便、快捷，但其缺点是所拍摄的文档往往受到拍照环境的影响，例如光线、拍摄角度等因素。同时，由于拍摄的照片不是标准文档形式，一般或多或少都会出现文档的偏移或者倾斜的情况。因此，如果采用数码相机拍摄的方式来进行西夏文献数字化，则需要配有专用的相机三脚架，并保证机架的角度与拍摄的高度均适用于对文献进行拍摄。光学扫描仪设备则可以克服拍摄环境因素的干扰，利用平面光学扫描仪设备可以很容易地扫描出水平面文档的全部内容。因此，对于基于图像的西夏文献数字化的首选方式应是利用平面光学扫描仪设备进行录入。

文本字符录入则需要人工对照文献进行键盘字符输入，这种方式通常可以一步到位地使西夏文献数字化，不需要经过中间的转换环节。但是，文本字符录入方式最大的问题是录入人员在进行大规模文献录入的过程中会出现字符输入错误的情况。而在高强度的录入工作中，这样的错误往往难以避免。这些个别错误的字符进入庞大的西夏文献文本后，对其进行甄别的工作量也是巨大的。因此，文本录入方式需要每隔一段时间就对所录入的文本进行校对与修改，这样才能最大限度地保证文本录入的正确率。

运用西夏文献的文本录入还需要设计专门的西夏文计算机输入法软件。西夏文计算机输入法软件主要是指基于 Windows 操作系统的字处理录入软件，即通常所说的输入法。一般计算机操作系统都默认安装中文输入法，而西夏文输入法则需要用户自行安装后使用。目前，市面上的西夏文输入法都是在 Windows 操作系统环境下使用的。对于西夏文输入法的设计可以借鉴中文输入法，只是需要考虑西夏文输入法应该采用什么样的输入码来进行录入。所谓输入码通常也被我们称为"外码"，其主要是和"机内码"相对而言的。西夏文计算机输入码设计的质量直接关系到西夏文字能否方便、快捷地被录入计算机里。同时，设计西夏文字的"外码"时还需要考虑是否方便用户快速学习和掌握。例如，中文输入法就分为拼音、五笔、郑码等"外码"方案。人们一般使用拼音输入法来输入中文，这是因为拼音输入是基于"读音"来输入的。而西夏文字已经消亡，现今已无人使用，因此，西夏文字的"外码"只能从"字形"方向来考虑。汉字的五笔字型输入法则是西夏文输入法很好的借鉴实例。由于大多数西夏文字相比汉字而言笔画繁多，如按照五笔字型进行编码，其输入码的重码率较高。《辞源》有一种检字方法叫"四角号码"检索，通过对汉字的四个角进行编码来查找汉字。这种方法对西夏文的输入编码来说不失为一种可行的方案。除此之外，还有西夏学学者试图利用西夏文字的部首、部件进行输入编码设计，但目前还没有见到相关应用的报道。

随着计算机网络应用的不断发展，西夏文网络输入法也成为西夏文输入的一种新方法。西夏文网络输入法往往内嵌在用户所浏览的网页之中，其主要利用了网页交互性的特点，用户先在输入框中输入"外码"后，网络输入法程序将其对应的西夏文字"内码"传递给网页，以此完成西夏文字的网页在线录入。基于西夏文献数字化的复杂度，本章将重点讨论西夏文计算机输入法软件。

第一节　西夏文计算机录入方法

西夏文计算机输入法首先需要确定西夏文字的输入编码。20 世纪 90 年代末，西夏文专家李范文教授为西夏文字编制了类似汉字的五笔字型和四角号码输入编码方案。① 由于西夏文字目前已无人能读，因而以类似汉字拼音的方式对西夏文字进行计算机编码几无可能，四角号码则成为西夏文输入编码的首选方案。利用四角号码输入西夏文字的方式也已逐渐被国内西夏学界所接受。随着西夏文四角号码输入编码方案的广泛使用，与之配套的计算机输入法软件也被开发并投入使用。

西夏文检字编码可以借鉴对汉字进行编码的方法。② 西夏文字是仿照汉字而创制的，即以偏旁部首组成方块字，因此可利用此特点建立西夏文检字法。汉字四角号码检字法是根据汉字的构成特点而编制的，这种方法同样适用于西夏文字。西夏文字四角号码检字法说明详见表3-1。

表3-1 西夏文字四角号码检字法

	笔形名	代码	笔形示例	说 明
单笔	横	1	一 →	横或横起、横结束
	垂	2	ノ丨	竖、撇
	点、捺	3	、丶	点、捺
复笔	叉	4	艹十乂	两笔交叉或一横与两竖交叉
	串	5	丰卅丰	一横与三竖交叉或一竖与两、三横交叉
	多串	6	丗丗	一横、竖与四竖、横交叉
	角	7	丁厂ㄑ	一笔成角或两笔构成角
	八	8	八ソ	类似汉字八或八的变形
	小	9	川小	类似汉字小或小的变形
		0		单笔或复笔已取码且又不能另角成其他形

西夏文字笔画繁多，如果仅采用四角取号，则易出现重码颇多而不利于计算机快速录入现象，因此，需要采用基本号加附号的方法以减少重码。这样，每一个西夏文字的检字码实际上就由六位十进制数构成，即四位基本号加两位附号。其具体取码方法如下所示。

---

① 参见李范文《夏汉字典（增订版）》，中国社会科学出版社2008年版。
② 参见顾绍通、马小虎、杨亦鸣《基于字形拓扑结构的甲骨文输入编码研究》，载《中文信息学报》2008年第4期，第123-128页。

基本号的取码顺序为：左上角、右上角、左下角、右下角。例如：

[字形] 该字的基本号为2341。

[字形] 该字的基本号为2224。

附号的取码顺序为：靠近左下角、靠近右下角。例如：

[字形] 该字附号为22，检字码为234122。

[字形] 该字附号为22，检字码为222422。

一、外挂式西夏文输入法

Windows 操作系统与应用程序之间都是通过消息传递信息的，而钩子技术是监视系统中消息来往的程序，能够在消息到达目的地之前截获消息并根据用户要求进行动态拦截、跟踪、修改和恢复等。利用钩子技术的这种特性可以实现动态监视鼠标键盘的工作状态，以及获取键盘焦点所在对象的属性等信息。[①] 利用这些信息对键盘进行控制并向文本编辑对象发送特定的文字符，就可以实现外挂式输入法。通过窗口绘制函数将检索到的西夏文字依次显示在选字窗口中，并通过调用处理事件来完成西夏文字的输入。采用字体链接技术可以把西夏文字库与宋体、楷体、黑体及幼圆等系统的 True Type 字库挂接，输入的西夏文字可在汉字与西夏文字之间切换、编辑和排版。图3-1为基于上述方法实现的外挂式西夏文输入法，

---

① 参见亚森·艾则孜《基于HOOK技术的维吾尔文直接输入法的设计与实现》，载《电脑编程技巧与维护》2006年第4期，第26-29页。

该输入法已经成功运用在《夏汉字处理》和《夏汉电子字典》软件中。①

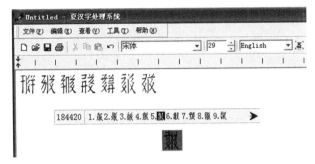

图 3 - 1　外挂式西夏文输入法

二、西夏文网络输入法

网络中的西夏文输入法是本书为西夏古籍文献文本化平台设计的专用输入法，采用微软 Silverlight 1.0 和 ASP. NET 技术实现。该输入法不输出西夏文字机内码，仅输出西夏文字顺序号和四角号码。录入过程在 IE 浏览器中完成，客户端不需要安装输入法软件，只需安装西夏文链接字库用于显示西夏文字。② 西夏文字通过客户端浏览器发送给 SQL Server 服务器，数据库接收到数据后将其存储于文本化表中，表中存放的是西夏文古籍文献图像中的西夏字块与西夏文字顺序号及四角号码的关系型元组。

基于网络的西夏文输入法主要是为西夏文献数字化平台而设计的，该输入法是为实现网络中多个客户端可以同时进行西夏文字的录入而开发的。人工录入西夏文文献的工作量较大，为了提高录入效率，最直接的办法是通过网络将西夏文文献发送到不同客户端。每一个客户端都可以在任何时间、任何地点进行西夏文字的录入。考虑到客户端可能存在操作系统的差异，因此提供可以直接在网页内使用的输入法应具有较好的兼容性。无论用户端使用何种操作系统，只要能够上网并浏览网页，就可以进行西

---

①　参见马希荣《夏汉字处理及电子字典》，清华大学出版社 1999 年版，第 1 页。
②　参见柳长青、马希荣《西夏字与汉字共存方案的实现》，载《宁夏大学学报（自然科学版）》2001 年第 1 期，第 45 - 47 页。

夏文字的输入操作。西夏文网络输入法能够很好地解决多点录入及多平台兼容的问题，因此，采用网络输入法可以快速实现西夏文文献的录入。（如图 3 – 2 所示）

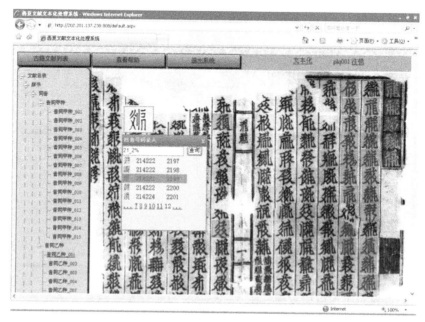

图 3 – 2　西夏文网络输入法

西夏文网络输入法利用了四角号码的重码特性实现了四角号码模糊输入功能，即只需输入部分四角号码便可列出符合条件的西夏文字。[①] 由于西夏古籍文献距今已有几百年的历史，文献中有些西夏文字四个角上的笔画均有不同程度的损毁，这些字的文本化输入就需要借助模糊输入功能。首先，识别清晰可辨的角码；其次，将不能辨识的角用"_"字符匹配单个或用"%"匹配多个号码；最后，用户通过通配符输入的方式输入残缺西夏文字。通配符输入技术为修复古籍文献中残缺的西夏文字提供了帮助。图 3 – 3 是西夏古籍文献中一个部分残缺的西夏字例，该字的右上角残缺，其他三个角清晰可辨，由于右上角残缺，故使用"_"单字匹配符，

---

① 参见王静帆、邹晓钧、夏云庆等《中文信息检索系统的模糊匹配算法研究和实现》，载《中文信息学报》2007 第 6 期，第 59 – 64 页。

通过四角号码检字法可得到该字的四角号码为"8_4140"。录入后得到下列与该字最为接近的西夏文字（详见表3-2）。

图3-3　部分残缺的西夏文字

表3-2　西夏字形对照表

西夏文字	顺序号	四角号码
	4902	804140
	5598	874140
	5601	874140
	5448	844140

通过比对字形可以发现，图3-3所示的部分残缺西夏文字是表中的4902号西夏文字，其四角号码为"804140"。采用上述网络四角号码输入法可以较好地完成西夏古籍文献的文本化录入工作。其他残缺的西夏文字的录入方法可以参照此法，但是该方法不适用于如图3-4所示严重残缺的西夏文字。这种利用四角号码匹配的方法进行西夏文残字识别的方法仅对于残缺不严重的西夏原始文献有效，如果所录入的西夏文字残缺过多，或者有效信息缺失，则很难采用该方法进行残字录入。一般认为，文献中的西夏文字残缺度低于60%时，都能较好地通过四角号码方法进行识别和录入。

图3-4　严重残缺的西夏文字

三、基于 IME 码表生成器的西夏文输入法

微软公司为方便用户使用 Windows 系统自行建立个人的输入法，专门提供了一个通用输入法生成器软件，利用该软件可快速生成 Windows 系统托盘 IME 输入法程序。采用这种方法生成的输入法具有兼容性好、制作简单方便等特点。输入法生成器 Imegen.exe 在 Windows 系统目录下，其运行界面如图 3-5 所示。

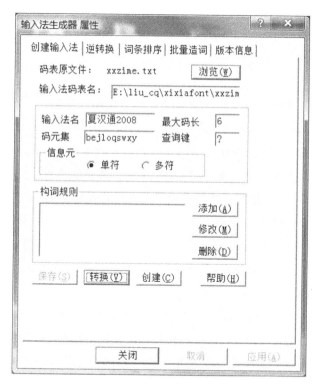

图 3-5　输入法生成器

以下列出西夏文码表原文件的编写格式。

[Description]

Name = 夏汉通 2008

MaxCodes = 6

MaxElement = 1
UsedCodes = bejloqswxy
WildChar = ?
NumRules = 0
[Text]
󰋇 yoyooo
󰋇 yoyooo
󰋇 yoyooo
󰋇 yoyyoo
󰋇 yoeyyo
󰋇 yoeyyo
……

采用输入法生成器生成西夏文字四角号码输入法时，需将 0～9 分别用其拼音声母首字母 oyesxwlqbj 代替。其中，0 用字母 o 代表，3 和 4 的声母首字母都是 s，故特别规定 4 用 x 代表。先将上述码表源文件先保存为 XXZIME.TXT 文件，再用输入法生成器的"创建输入法"功能载入码表源文件。西夏文码表源文件需要先转换为 XXZIME.MB 文件，再从 XXZIME.MB 文件创建编译的 XXZIME.IME 输入法文件，并自动安装到 \Windows\system32\ 目录下，即可添加用户自定义西夏文输入法。该方法的核心是码表文件的建立，有了码表文件，即可通过输入法生成器方便、快速地创建西夏文 IME 输入法。

图 3-6 是使用输入法生成器制作的"夏汉通 2008"西夏文字四角号码输入法在 Word 2003 下的使用情况。在使用输入法编辑器输入西夏文时还需配套使用西夏文字宋体链接字库。利用输入法生成器生成西夏文输入法的方式，对设计其他少数民族语言文字的输入法有一定的借鉴作用，通过该方法可以快速开发出输入法程序，从而使研究者有更多的精力投入少数民族语言文字处理的研究之中。

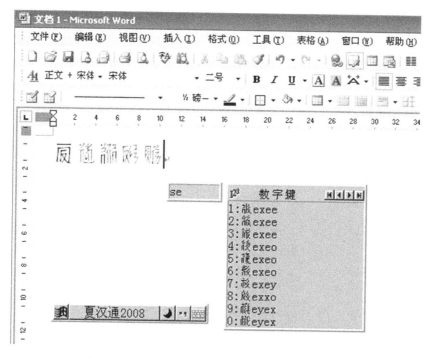

图3-6 "夏汉通2008"西夏文四角号码输入法

四、西夏文智能输入法

西夏文智能输入法可以实现西夏文与中英文的切换输入。同时,在输入西夏文字的过程中可以采用字频调节算法,以此使西夏文字的输入更加方便快捷。当使用者多次输入同一个西夏文字时,该西夏文字将自动排列在首位,以方便用户选择使用。这种智能调频功能适用于大量录入西夏文献的情况。

基于四角号码的西夏文智能输入法是 Windows 系统下的输入法编辑器,能同时支持中英文的 Windows 操作系统(如图3-7所示)。

图3-7 "夏汉通"西夏文智能输入法状态条

对于西夏文字的输入，可以根据用户输入的频率自动将高频率的西夏文字优先排列，从而达到提高西夏文录入速度的目的。该输入法还会提供西夏文字输入的中文与英文的释义显示窗口，在选字窗口右侧同时显示西夏文字所对应的中文释义，如图3-8所示。键盘按键功能介绍详见表3-3。快捷按钮功能介绍详见表3-4。

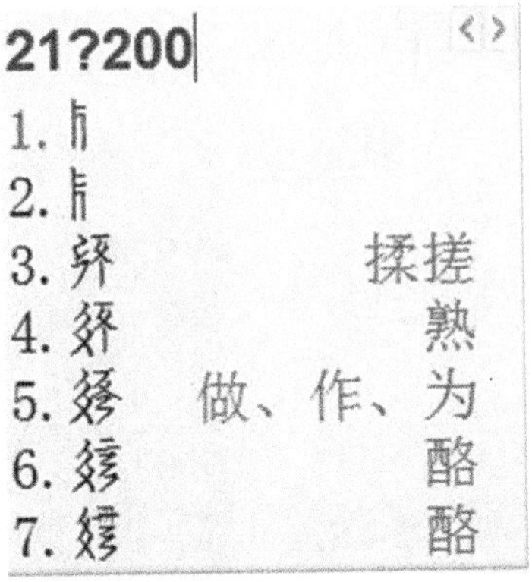

图3-8 "夏汉通"输入法选字窗口

表3-3 键盘按键功能介绍

按键	功能
0~9数字键（包括小键盘0~9）	四角号码输入键
Shift 键	西夏文和中文拼音之间的切换
Space 键（空格）	选择西夏文字
Enter 键（小键盘回车）	选择西夏字
+、-/PgUp、PgDn 键	向前/向后翻页
↑/↓键	选择西夏字
←/→键	选择四角号码输入码
？键	四角号码万能通配键。当输入的四角号码中有不确定的码时，可用"？"替代。例如，要输入214200，但第三位码不能确定，就可输入"21？200"，输入法将会把所有符合"21？200"的西夏字全部列出供用户选择

表3-4　快捷按钮功能介绍

快捷按钮	功能
⚙	打开"设置"菜单
⌨	打开软键盘
☾	全/半角切换（Shift + Space）
°,	中文/英文标点符号切换（Ctrl + .）
解	解释悬浮窗口开/关
典	打开"西夏文电子字典"

西夏文字的计算机录入方法是西夏文献数字化的前提和基础，一个高效的录入方法可以加快西夏文献数字化的进程。为了让计算机能够真正"读懂"西夏文献，通过图像扫描录入的西夏文献最终也必须转化为数字化文本形式。

五、西夏文区位输入法

区位输入法对用户而言有输入码，对机器而言则有其表示的二进制内码。内码是指机器内部表示汉字所用的编码，是沟通输入、输出与系统平台之间的交换码，通过内码可以达到通用和高效率传输文本的目的。一个汉字的内码由两个字节组成。汉字内码与区位码之间有一个简单的数学关系：内码第一字节 = 区码 + 160，内码第二字节 = 位码 + 160。内码不利于输入汉字，而输入码在计算机中必须转换成内码，才能进行存储和处理。西夏文区位输入法采取国标码的标准使用区位码输入，实现了西夏文在Windows系统内的输入，完善了现有的"夏汉电子字典"等西夏文录入软件的不足，使西夏文输入法能够与Windows系统内其他输入法共存，从而使西夏文在计算机中的输入、编辑、显示、输出变得更为简单、迅速，在西夏文信息的存贮、交换、利用、处理、显现方面具有很高的实用价值。

西夏文区位输入法涉及的相关知识有编码标准、中文键盘输入法的基本知识和基本原理。西夏文区位输入法实现的基本原理包含输入法管理器（IMM）和输入法编辑器（IME）。英文字符的编码标准是 ASCII 编码。西夏文区位输入法中，字编码标准是《信息交换用汉字编码字符集 基本集》，简称国标码或 GB 码。

区位码实际上就是把字符表示成二维数组，每个字符在数组中的下标就是区位码。区码和位码各占两位十进制数字。其中，因为区位码/国标码的划分标准，西夏文暂时被放在1222个私用字符中。输入法管理器管理当前系统中活动的各个输入法编辑器，维护输入法编辑器和应用程序之间的通信。输入法分析器（IMP）通过系统注册表及 INI 文件对系统中所安装的各种字符输入法进行维护。以上两部分都包含在 Windows 系统目录下的动态链接库 WINNLS.DLL 中。输入法编辑器是开发人员要实现的输入法程序。每一个运行的输入法编辑器都相当于混合语言键盘布局中的一种，将用户输入的编码转换成相应的西夏文字符。

输入法编辑器由转换接口和用户界面两部分组成。

1. IME 转换接口

IME 转换接口（IME conversion interface）以函数集的形式出现，由开发人员按照 IME 接口规范给出的具体接口和详细功能来实现。这些函数一般由输入法管理器调用，从而实现从用户的输入编码到汉字字符的转换等功能。

2. IME 用户界面

IME 用户界面（IME user interface）以可见或不可见的窗口形式出现，这些窗口将接收和处理由输入法管理器和应用程序发来的输入消息，提供与用户交互的界面，让用户随时了解输入法的当前状态。用户界面由缺省的 IME 窗口、用户界面窗口、用户界面组件窗口（状态窗口、编码窗口）等部分组成。

（1）缺省的 IME 窗口。当应用程序线程初始化的时候，操作系统会基于 USER.EXE 中预定义的全局类 IME 类为其创建一个缺省的 IME 窗口，此窗口对用户是不可见的，它管理着应用程序中所有的可选输入法，处理输入法中的用户界面和从 IME、IMM 及应用程序发出的所有控制消息，是所有的输入法共享的一个窗口。当 IME 或 IMM 产生 WM_IME_XXX 消息时，应用程序将这些消息传给 DefWindowProc，DefWindowProc 发送必要的消息给缺省的 IME 窗口，在这里完成 IME 用户界面的一些缺省行为。例如，当用户在应用程序中激活某个输入法时，产生 WM_IME_SELECT 消息并将其放入消息队列，应用程序并不会直接处理这个消息，而是将消息传给 DefWindowProc，接着由 DefWindowProc 进行默认的处理：发送此消息给缺省的 IME 窗口，在缺省的 IME 窗口，IME 类根据消息中的输入语言句柄 hKL 创建这个被激活的输入法的用户界面窗口。由此可见，缺省的 IME 窗口在应用程序线程初始化的时候被创建，而某个输入法的用户界面窗口在处理 WM_IME_SELECT 消息时被创建。

（2）用户界面窗口。由于不同的用户界面体现了输入法程序的不同特点，因此每一种输入法程序总是希望向系统注册自己的用户界面类。IME 根据用户界面类创建用户界面窗口及其组件窗口。用户界面窗口是一个具体的输入法的总控窗口，它是 IME 窗口的子窗口。系统在缺省的 IME 窗口接到 WM_ME_SELECT 消息时确定当前 IME 使用的用户界面窗口类，并由此创建用户界面窗口。用户界面窗口的作用是接收由 IMM 和应用程序发送来的消息，并根据消息采取相应的处理方式。在用户界面窗口，将根据当前的输入上下文处理消息，在此过程中可以调用缺省的窗口过程 DefWindowProc，但是无论如何都不能将与 IME 有关的消息传入。由上可知，用户界面窗口主要针对输入上下文进行操作，输入上下文包含了与当前 IME 状态有关的所有数据信息。参考这些信息，用户界面窗口才能创建相应的组件窗口并控制其行为。

（3）用户界面组件窗口。用户界面组件窗口对用户是可见的，用户通过它们与输入法交互信息。所有的组件窗口都由用户交互界面窗口创建并拥有，处于无效状态，不能获得输入焦点，只能接收用户输入以及对其进行编辑。用户界面组件窗口包括如下两种窗口。

1）状态窗口：用于显示输入法的状态，如中英文状态、输入法名称、半角/全角、中文/英文标点符号和软键盘等信息。（如图 3-9 所示）

图3-9 输入法的状态窗口

2）编码窗口：显示输入的编码、部分结果字符串、错误信息等提示内容。（如图3-10所示）

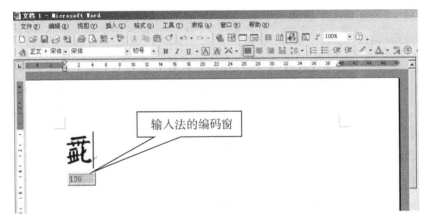

图3-10 输入法的编码窗口

组件窗口在打开输入法时即被创建，但这时可以不显示或只显示其中的部分组件窗口；在用户切换到其他窗口时，组件窗口应当隐藏，直到与其有关的应用程序窗口重新获得焦点；在输入法被关闭时，所有组件窗口都应被销毁。这些工作应在响应 WM_IME_SELECT 消息时进行。各个组件窗口在窗口过程中完成了消息的处理、窗口的更新和数据显示。

第二节　西夏文献文本化

西夏文献文本化是对西夏文献图像进行计算机处理，并通过计算机程序将处理后的图像转换为字符文本形式并保存为文档的过程。当前，西夏文献图像的计算机处理还处于研究阶段，对图像文件也有较为苛刻的选取条件，例如，只能处理刻版文献，且对文献版面有相应的规则等。若要对西夏文献图像文本化，则首先需要将文献图像进行西夏文字中单字的切割。

由于文字的切割是基于文字区域的二值化结果进行的，因此西夏文献的二值化的质量则显得尤为重要，其效果将直接影响后续的文本化效果。二值化方法通常选取一个较为合适的阈值将文字背景与文字分开。目前，阈值方法最常用的是全局阈值法。全局阈值法利用图像的全局信息对整幅图像求出全局最优分割阈值，可以是单阈值或双阈值。步骤如下。

（1）图像灰度化。将由数码相机拍摄的图像输入电脑，一般数码相机拍摄的图像多为24位的真彩色图片，在将其转化为二值化图像前需先转化为灰度图像。

（2）设定阈值，图像二值化。将灰度图像的256个亮度等级通过适当的阈值进行处理：低于阈值的表示为除了字体以外的背景，灰度值设为0；高于阈值表示当前像素为字体的像素，灰度值设为255。

（3）去除噪点。二值化后的图像存在许多噪声点，这会给以后的识别带来不必要的精度损失，因而需要进行相应的处理。首先，将图像进行膨胀、腐蚀处理。其次，选取一个合适尺寸的模板，并将此模板置于待处理图像中。如果模板中黑色像素小于一定值，则将模板内的图像像素全部设置为0。

（4）图像分割。待转换的文献资料是一幅完整的影印资料，需要将各个文字分开才能进行下一步的文本化工作。具体分割方法是先将图像进行文字列分割，从左至右扫描，将碰到的第一个黑色点确定为文字列分割的左起始点，在左起始点上继续向右扫描，当整列黑色像素小于一定值时，确定当前位置为文字列的右边界，将选定的文字列保存，并按照特定编号对图像文件进行命名。以此类推，直至分割出所有的文字列。然后，再将图像按行分割。对图像从上至下进行扫描，将碰到的第一个黑色点定为单个文字的上起始点，在上起始点上继续向下扫描，当整行黑色像素小于一定值时，确定当前位置为单个文字的下边界点。

如图3-11所示，虚线框内即为程序自动确定的西夏文字，从图中可以发现大部分文字被分割。通过分割即确定了每个西夏文字在该页中的具体位置信息。接下来通过计算机识别程序就可以将这些文字图像识别为西夏文字。

图3-11 西夏文字计算机切割示例

第三节 西夏文识别研究

由于文字的切割是基于文字区域的二值化结果进行的，因此对西夏文献进行二值化非常关键，其效果将直接影响后续的文字切割与识别。为了处理每一个西夏文字，需将待识别的文献图像进行单字切割。通过观察发现，刻本西夏古籍文字大都书写规范，按行、列分割即可得到西夏文单字。

将图像进行文字行、列分割，可以读取到文字列图像的信息，对图像进行从上至下的扫描，确定单个文字的上起始点。继续向下扫描，可以确定当前单个文字的下界结束点。扫描完成后将选定的单个文字保存，并按特定的编号对图像文件进行命名。（如图3-12所示）

图3-12 分割后的单个文字

在西夏文字的识别过程中,首先要将图像输入计算机,再对图像进行预处理,以便取用于识别的特征并用于分类识别。识别过程主要包括预处理、特征提取、分类识别、后处理等。

(1) 预处理。该过程通过二值化、平滑化(去噪)和归一化等手段来进行。其中,二值化能够实现灰度文本图像到二值化文本图像的转化;去噪是将文字区域二值化后,去除图像中的孤立点(污点);归一化是规范文字的大小、位置、形状以减少相同字符之间的形变。

(2) 特征提取。特征提取分为两类:结构特征的提取与统计特征的提取。基于结构特征的提取是指提取字符轮廓或骨架上的字符像素信息,如笔画特征、轮廓、周边特征、部件等。该方法能有效适应字体变化,区分相似字的能力较强,但是该方法的抗干扰能力较弱,如果图像文本中存在各种干扰,如倾斜、扭曲、断裂、黏连、污点等,则该方法就显得捉襟见肘了。对样本进行数学变换后提取的特征,被称为统计特征,主要采用的方法有小波变换、傅里叶变换、频域变换、离散余弦变换等,提取出的特征通常供给统计分类器使用。

(3) 分类识别。分类识别是按建立的分类对特征提取所获得的样本进行识别。分类器是分类识别的核心问题,分类器的作用是加快匹配速度、提高识别效率,以达到识别效果。

(4) 后处理。后处理是在分类识别后,采用句法结构模式方法再次检验识别结果并反馈给上一级,如识别有误则重新识别。目前,越来越多的研究都增加了后处理过程,以降低误识率。

一、西夏古籍文献文字自动切割

一篇西夏古籍文献所包含的文字有很多,如果使用人工来逐一确定西夏文字的位置,无疑会加重研究人员的负担。对于一些版面比较清晰、西夏文字黏连不严重的文献,可以使用计算机自动确定这些西夏文字的位置。

自动确定位置的步骤如下所示:①将西夏古籍文献灰度化;②将灰度化图像二值化;③根据黑色像素周围像素点判断是否为文字边界。

二、古籍文献西夏文模式识别

(一) 基于主元分析法的西夏文识别研究

主元分析法（principle component analysis，PCA），又称 K－L 变换，它是一种基于目标二阶统计特性的最佳正交变换。它变换后产生的新的分量正交或不相关，减少数据冗余，使得数据在一个低维的特征空间里被处理，同时保留原始数据的绝大部分信息。

在多样本大容量样本分析中，往往存在许多特征量，这些特征量的区别是相当大的，盲目地减少特征量会使一些必要的特征量损失，从而导致判断错误。但是，我们在实际运用中很难对每一个特征量都进行提取，主成分分析利用降维的方法将一组特征量的信息集中到某几个互不相关的主成分上，从而描述整体的数据结构。也就是说，任何一种特征量都必须能反映样本之间的差异，如果一种特征量在样本之间都大小异同，那么也就无法区分各个样本数据。主成分分析就是在大量的特征量中选中具有代表性的特征量，以达到识别的目的。

目前，主元分析法常用在人脸识别中，大量的研究实践表明，该方法在模式识别中具有较高的识别精度。在实验过程中，设计人员依据西夏文字库制作了 6000 多个西夏文字的字符模板，并用主元分析法进行了提取识别，取得了良好的识别效果，因此这种方法同样适用于识别西夏文字。

1. 读取图像矩阵

这里采用 1000 个西夏文字样本，样本特征为 60×62，那么可以建立 1000×3720 的样本矩阵，文字样本图像（取前 10 幅）如图 3－13 所示。

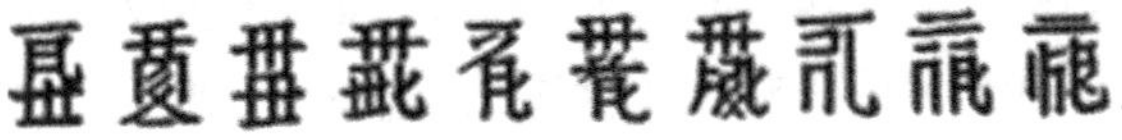

图 3－13　西夏文字样本

下面给出 PCA 方法（主元分析法）在 MATLAB 中的实现过程：
　　k = 0;

```
for i = 1:1:1000% 图像数目
filename = sprintf('C:\ \ 文字\ \ 编号i.bmp',i); % 图像样本存放的目录
image_data = imread(filename) % 读入图像
k = k + 1;
x(:,k) = image_data(:); % 图像向量化并生成训练集(矩阵)
```

2. 计算均值图像

```
x = double(x)/255; % 将图像正常化
avrgx = mean(x')';
for i = 1:1:nImages
x(:,i) = x(:,i) - avrgx;
end;
```

我们读入1000幅西夏文字图像数据,程序运行后的结果如图3-14所示。

图3-14 均值文字样本图像

图3-14是把所有的西夏文字重叠在一起,得到的一个整体的样本数据,该数据包含所有文字的信息。

3. 计算分解系数

```
cov_mat = x' * x; % 计算协方差矩阵
[V,D] = eig(cov_mat); % 求解特征值和特征向量
V = x * V * (abs(D))^-0.5; % 归一化
KLCoef = x' * V; % 计算图像在基向量上的分解系数
```

由于得到的样本数据过多、数据计算量较大,为此需要进行降维处理,在这里使用求特征值和特征向量的方法进行降维处理。

4. 计算近似文字

Step 1：计算待测图像在基向量上的分解系数。

  filename1 = sprintf('c:\ \ 待测图像\ \ 编号1.bmp');

  image_data1 = imread(filename1);

  x(:,1) = image_data(:);

  KLCoef1 = x' * V;   % 计算图像在基向量上的分解系数

Step 2：计算待测图像与样本矩阵的距离，距离越小表示越接近，实现程序如下。

  for i = 1:1:40

  dist_comp(i) = sqrt(dot(KLCoef1(1,:) - KLCoef(i,:), KLCoef1(1,:) - KLCoef(i,:)));

  end;

识别结果详见表 3-5。

表 3-5　采用主元分析法的结果显示

待测古籍文字	最相似的六个文字					
	0.11	40.99	41.57	41.94	42.20	42.40

待测古籍文字	最相似的六个文字					
	37.41	38.49	39.06	39.63	40.14	40.17

待测古籍文字	最相似的六个文字					
	40.30	41.57	41.68	41.94	41.96	42.36

由于主元分析法采用了降维处理，使得处理速度较快，精度却不是很高，这是因为在处理西夏文字样本图像的过程中，仍然丢失了大量的特征信息，从而导致匹配精度不高。同时，在计算特征矩阵时，由于要计算的

矩阵较大，导致运算时间较长，虽然特征矩阵计算只需运行一次，但今后可通过提高计算机运算性能和改进方法来缩短运算时间。主元分析方法在试验中达到了预想的效果，但在后期加大样本容量的过程中，出现了无法计算特征值的情况。究其原因主要是图像尺寸过大所致，因此，需要通过进一步减小图像尺寸或提高计算机运算性能来解决此问题。

（二）基于笔画密度特征的西夏文识别

笔画密度特征是字符图像在一定范围内被固定扫描线穿透的次数，一般采用水平、垂直、对角扫描线。这种方法在一定程度上归纳了西夏文字的复杂程度，对西夏文字的整体字形有了比较完整的描述。在图像质量得到保证的情况下，笔画密度特征是一种非常稳定的特征。因此，在脱机手写汉字识别中也常常应用该方法作为粗分类器。

在本书中，我们只取水平、垂直扫描线的穿透次数作为分类特征。水平扫描线、垂直扫描线均设为 3 条，即一个西夏文字符总共有 9 （即 3×3）条扫描线，将依据这 9 条扫描线得出的数据作为字符的 9 个特征量。

从字符图像水平中线处，从左至右开始扫描，检测图像的黑白交变次数，扫描完成时记录中线交变总次数。然后依次从水平中线和上线浮动 20% 处开始进行另外两条水平线的扫描。垂直扫描特征依据水平扫描方法进行。

该方法将 6000 多个西夏文字的特征全部提取出来，作为西夏文字的特征字库。同时，将待测的西夏字符图片按照提取样本笔画密度特征的方法提取出 9 个特征量，将提取出来的矩阵和特征字库进行扫描线交变次数比较，最相近者即为所要识别的文字。

经测试，该方法对于字形较好、背景不复杂的西夏文字有着不错的识别效果。研究发现，西夏文字大都笔画复杂，9 个特征量不足以表示西夏字符的特点，所以只有通过加大扫描线条数来提高识别精度。

如测试文字为 [西夏文字]，该文字的顺序号为 1，软件根据样本库的文字识别结果详见表 3-6。

表3-6　基于笔画密度特征的西夏文识别结果之一

水平变化次数	纵向变化次数	文字顺序号	西夏文字
298	206	1	
300	198	75	

如测试文字为 ▨，该文字的顺序号为3，软件根据样本库的文字识别结果详见表3-7。

表3-7　基于笔画密度特征的西夏文识别结果之二

水平变化次数	纵向变化次数	文字顺序号	西夏文字
250	246	3	
254	236	12	

如测试文字为 ▨，该文字的顺序号为9，软件根据样本库的文字识别结果详见表3-8。

表3-8　基于笔画密度特征的西夏文识别结果之三

水平变化次数	纵向变化次数	文字顺序号	西夏文字
314	284	9	
304	290	115	

（三）直接图像特征法

直接图像特征法把待测图像与样本图像直接进行相似度比较，相似度越高者则为所要识别的文字。这种方法简单且容易实现,在图像质量非常好时,可以快速地定位相似度最高的图片。

在实验中,我们采用黑白两种像素进行匹配。首先,扫描样本图像。当扫描的像素点为白色像素时,扫描待测图像,如果待测图像相同位置的像素也为白色像素,则记为成功匹配一个像素点。以此类推,直至扫描完整个图像。黑色像素也照此方法进行扫描。其次,将得出的黑白接近度进行平均操作。采用的接近度计算方法为将待测图像与样本图像的黑白像素比值进行相乘操作。最后,把接近度依次排列出来。

在图像质量非常好的情况下,这种方法具有很高的识别率,但是需要计算大量的像素数据,导致该方法较为耗时且对于待测图像的倾斜、笔画粗细、位移均无良好的适应效果。

如测试文字为 ,软件根据样本库的文字识别结果详见表3-9。

表3-9 直接图像特征法的西夏文识别结果之一

接近度	文字顺序号	西夏文字
17.65%	1	
26.16%	150	

如测试文字为 ,软件根据样本库的文字识别结果详见表3-10。

表3-10 直接图像特征法的西夏文识别结果之二

接近度	文字顺序号	西夏文字
17.33%	3	
23.33%	12	

如测试文字为 , 软件根据样本库的文字识别结果详见表 3-11。

表3-11 直接图像特征法的西夏文识别结果之三

接近度	文字顺序号	西夏文字
17.49%	9	
28.75%	32	

本节对西夏古籍文字的识别做了探索性的研究，提出了几个常用于脱机手写体识别的方法来识别西夏文字，并结合具体的实验数据来验证方法的有效性。这些方法对字形较好、没有复杂背景的西夏古籍文字都有着良好的识别效果。经过对大量的西夏古籍文字研究发现，西夏文字笔画复杂，用单一的特征值匹配会造成较大困难，解决的方法是将几种特征值全部提取出来，综合各个特征值的特点来进行分类。

第四章 西夏文献数据库及其应用

第一节 可资借鉴的现有数据库举例

历史文献作为人类文明的记录载体，其价值不言而喻。《情报与文献工作词汇——基本术语》（GB 4894-85）中的标准定义为："文献是记录有知识的一切载体。"根据这一标准定义，历史文献就是以文本、图形、符号、音像、软件等各种形式固化在一定物质载体上的历史资料，其物质载体为纸、胶片、磁带、光盘等。历史文献数字化的目标是将原来在各种物理载体上存储的信息统一转变为最基本的比特（用0和1来表示），使之成为计算机可以识别的数据。

历史文献数字化的终极形式是文献数据库，亦即数字图书馆。所谓数字图书馆，就是利用现代信息技术收集有价值的图像、文本、语音、音像、影像、影视、软件和科学数据库等多媒体信息，并进行规范性的加工和压缩处理，使其转化为数字信息，通过计算机技术进行高质量的保存和管理以实现知识增值，并能够通过网络通信技术进行高效、经济地传播与接收，使用户可以在任何时间、任何地点都能从网上得到各种服务。

互联网上的一些小型文献数据库更是数不胜数，如香港中文大学中国文化研究所"华夏文库"及"古文献资料库"；中国台湾地区的汉学研究中心汉学资源及数据库，包括典藏国际汉学博士论文摘要、明人文集联合目录及篇目索引、两岸诸子研究论著目录、经学研究论著目录、敦煌学研究论著、外文期刊汉学论著目次等，均可进行资料库整合查询；北京书同文数字化技术有限公司的《四库全书》《四部丛刊》《康熙字典》等的电子版等。这些局部的文献数字化工作集腋成裘、聚沙成塔，经互联网而整合为一体,完全不受其物理距离的影响,从长远来看,分散的学术单位与单个学者是文献数字化的主力军,整个互联网就是一个大的数字图书馆集合。

国际敦煌项目(The International Dunhuang Project,IDP)是最具代表性的文献数字化项目之一。1993年,中国国家图书馆、大英图书馆、法国国家图书馆、俄罗斯科学院东方学研究所圣彼得堡分所、柏林国家图书馆等几大收藏机构的专家学者汇聚英国萨塞克斯,倡议成立国际合作组织以促进敦煌文献的保护与研究。1994年,国际敦煌项目正式成立秘书处,并设立在大英图书馆。国际敦煌项目的成立为世界敦煌文献收藏机构共商解决藏品保护和编目的政策构建了一个合作交流的平台。各收藏机构还倡议共同建立一个完整的网上数据库,其目录数据与高质量的数字化图像相链接并附有其他相关信息,可使各国学者得以充分利用这些数字藏品资源。随着中国、俄罗斯、日本各交流中心的相继建立以及与世界其他机构的广泛合作,国际敦煌项目目前已经成为规模较大、较成功的专业数字图书馆项目之一。现在可向世界范围内的互联网用户免费提供超过50000幅的绘画、文物、历史照片、写卷图像,并且每天不断增加新的数据。国际敦煌项目对西夏文献数据库的建立有很好的借鉴作用。

在语料库建设方面,其他少数民族语言语料库建设也多有较好的研究基础。新疆大学从2002年起开始建设现代维吾尔语语料库系统,其包括五个部分:语料库、电子语法信息词典、规则库、统计信息库和检索统计软件包,目前的生语料规模达800万字;内蒙古大学的中世纪蒙古语语料库收集了《元朝秘史》《黄金史》《回鹘式蒙古文文献汇编》等历史文献,他们还建立了包含500万字的现代蒙古语语料库,研究蒙古文附加成分的自动切分、复合词的自动识别和语料的词性标注,获得了词频统计、音节统计、词类统计、附加成分统计等数据;西北民族大学建立了含有1亿3000万个字节的大型藏文语料库,用于藏文词汇频度和通用度的统计;中国社会科学院民族学与人类学研究所建立了含有500万个藏语字符的藏语语料库,进行词语切分和标注的研究;新疆师范大学也建立了含有200万词的维吾尔语语料库。此外,云南少数民族语言数据库、纳西东巴文化研究数据库等都是成功的范例。

西夏文字"字料库"的建立,所谓"字料库"是指以文字的整理和文字学的研究为目标,按照语言学和文字学的原则,收集实际使用中能够代表特定文字或文字变体且真实出现过的文字书写形态,运用计算机技术建成的具有一定规模的大型电子文字资源库。[1] 西夏文字料库的研究内容主要包括西夏文构字基本元素(也可通俗地称为部首)、西夏字形、音、意关联分析、西夏文字原始文献来源分析、西夏字频、常用字统计及西夏文字书写笔迹采集等内容。该制作团队已完成了包含451个西夏文构字部首的数据库。这些部首是组成西夏文字的最基本单位。通过西夏文字"字料库"可进行西夏文字造字原理及组成结构的数据挖掘,如基于部首的分类统计和建立部首的关联规则。同时,还开展了基于部首的相关性分析,即找出部首之间、部首和整字之间、整字与整字之间的关系模式和函数依赖,最终建立了基于部首的西夏文字语料库,并建立了推理机制,可将一个未释的西夏文字先拆分为部首,然后检索该部首在字料库中的信息,进而推断该字的可能含义,再反过来对已有的西夏文献的文本进行语料标注。

第二节 西夏文献数据库

西夏文献数据库是将经过数字化和文本化的西夏文献进行结构化存储,并对存储的数据进行进一步的处理。从影印文献到进入数据库存储,首先需要确定西夏文字符机内码方案,即本书第二章所讨论的西夏文字库的建立问题。西夏文编码是建立西夏文献数据库的基础,只有确定了机内码编码方案,才能将文本化的西夏文字符串存储。当前,国际上已完成的Tangut Unicode方案可解决西夏文字符的机内编码问题。由于Unicode编码理论上已经将所有西夏文字一一对应了机内码,因此可以保证所有的西夏

---

[1] 参见李国英、周晓文《字料库建设的必要性与可行性》,载《北京师范大学学报(社会科学版)》,2009年第5期,第48-53页。

文字符都可以与现有的计算机字符同屏共存。其次，需要确定西夏文输入方法，目前普遍使用的是基于四角号码编码的计算机输入法软件。在以上两个基本条件的保证下，西夏文献数据库才能进入实际建立阶段。

数据库技术是计算机三大技术之一。在目前的计算机系统中，知识表示是用数据库来实现的。数据库是数据的集合，它的逻辑结构是具有某种关系的二维表，现在应用较多的是关系型数据库。在数字化时代，一个国家对数据库的占有程度甚至被用作衡量这个国家数字化程度的重要标准，所谓"数字鸿沟"也以国家对数据库的拥有量作为衡量标准。目前，我国还没有一个完整的西夏文献数据库。[①]

西夏文献数据库应包含西夏建筑、西夏艺术、西夏文文献、西夏学术研究及其他等五大类相关内容。在此五大类内容的基础上又可分出如下所述的第二层次结构。

（1）西夏建筑类：包括陵墓、城址（遗址）、寺庙、古塔、石窟等。

（2）西夏艺术类：包括绘画、雕塑、建筑艺术、工艺美术、书法、音乐和舞蹈等。

（3）西夏文文献类：包括中文、西夏文、金石题刻等。

（4）西夏学术研究类：包括学术论文、学术专著、会议论文等。

（5）其他类：与西夏相关的各种资料。

一、西夏实物数据库

在前文所示的第二层次分类的基础上，西夏建筑主要分为以下五个类别。

1. 陵墓

陵墓包括西夏帝陵、家族陵墓。其中，西夏帝陵主要指西夏王陵，家族陵墓包括宁夏闽宁村西夏野利家族墓和甘肃武威西夏墓。闽宁村西夏野利家族墓位于宁夏银川市永宁县贺兰山山前洪积扇上，共有14座，2000

[①] 参见马希荣、王行愚《西夏文字数字化方法及其应用》，甘肃文化出版社2002年版，第5页。

年经国家文物局批准清理发掘8座，其中4座有墓园。与皇陵一样，野利家族墓室的位置并不居中，位于陵园西北部。在已出土的237块残碑中，有"野利""张陟撰"等字样。张陟是西夏王朝开国皇帝李元昊的重臣①，由此可以断定该墓为西夏早期墓葬。

武威，又称凉州或西凉府，是西夏河西重镇，著名的甘肃武威西夏碑（又称凉州碑）就是在这里发现的。20世纪70年代以来，这里先后5次发现西夏墓。1977年，第一次在西郊林场发现两座西夏墓，1号墓在北，墓门南向；2号墓在南，墓门东向，均为小型单室砖墓。这两座墓未经破坏，出土了木缘塔、木条桌、木宝瓶、木笔架等珍贵木制文物。

2. 城址（遗址）

城址主要有黑水古城、高油房古城、省嵬城故址、韦州古城址和贺兰山西夏遗址。黑水城遗址位于今内蒙古额济纳旗政府所在地达来呼布镇东南方向25千米处，曾是西夏黑水镇燕军司的驻地。1908年和1909年，俄国探险家科兹洛夫从这里盗掘了大量西夏文献与艺术品，现藏于俄罗斯科学院东方学研究所圣彼得堡分所和冬宫博物馆。1914年，英国人斯坦因步科兹洛夫后尘，也到黑水古城寻找挖掘，盗得不少西夏遗物，现藏于大英博物馆。1927—1931年，中瑞西北科学考察团先后在这里考察测绘，挖掘部分珍贵文物。新中国成立后，文物考古部门多次到黑古地区进行调查。1983—1984年，中国社会科学院考古研究所与内蒙古自治区文物考古研究所联合对黑水古城进行考古发掘，总发掘面积达11000平方米，清理出房基287间（所），累计出土3000多件汉文与西夏文、蒙古文、古藏文等少数民族文献。②

高油房古城位于今内蒙古巴彦淖尔市临河县高油房地区，为现知最大的一座西夏城址，其边长约990米，墙基宽7～8米，残高1～5米，四墙正中设门，外有瓮城。每面城墙的外侧各有马面7个，间距约60米。自1956年以来，古城内多次发现西夏钱币、陶瓷与金、铜、铁器。

省嵬城遗址位于宁夏石嘴山市惠农区庙台乡，略呈方形，城墙为夯土

---

① 参见《宋史》卷四八五《夏国传上》。
② 参见郭治中、李逸友《内蒙古黑城考古发掘纪要》，载《文物》1987年7期，第1页。

筑成。北墙长588米，南墙长587米，东墙长593米，西墙长590米，墙基宽13米，残高2～4米。东、南二面开门，南门道长13.4米、宽4.1米，从两侧发现的经火烧过的木柱来看，该城可能毁于蒙古灭夏的战火。先后出土了秃发人头像、瓷器、石纺轮、钱币等文物。

韦州古城位于今宁夏同心县韦州镇，曾为西夏韦州监军司驻地。城址略呈长方形，东西长571米，南北宽540米，东、南两面开门，南门外有瓮城。城墙黄土夯筑，残高10米，顶宽4米，基宽10米，城墙四周有马面49座，间距43米。城内有西夏康济寺塔，保存完好，1985年维修时曾出土西夏文题记砖。

贺兰山是西夏的"神山""圣山"，夏景宗李元昊曾言："大役丁夫数万，于山之东营离宫数十里，台阁高十余丈，日与诸妃游宴其中。"（吴广成《西夏书事》卷一八）① 经初步调查发现，在南起三关口，经榆树沟、山嘴沟、大口子、滚钟口、黄旗口、镇木关、拜寺口、苏峪口、贺兰口、插旗口、西伏口、北迄大水口等13条山沟中，均有西夏遗址。有的沟内有多处遗址，断瓦残垣随处可见，目前尚未进行考古发掘。

3. 寺庙

其典型代表是银川承天寺和张掖卧佛寺。承天寺坐落在宁夏银川市兴庆区西南部，始建于西夏天祐垂圣元年（1015），900多年来经地震和战乱多次被毁坏又多次重修。今天的承天寺坐西面东，略呈长方形，东西长210米，南北宽115米，分前后两院，前院是五佛殿、承天寺塔，后院是韦驮殿和卧佛殿。这些殿宇都排列在中轴线上，从建筑风格上看，已具有晚清特点，非西夏寺院原貌，只有承天寺塔还保留着西夏的风格。

卧佛寺又名弘仁寺、宝觉寺、大佛寺，坐落于甘肃张掖市市区西南隅。夏崇宗永安元年（1098）动工，历时五载，至贞观三年（1103）建成并被夏崇宗赐名为"卧佛寺"。明清两朝皆有扩建，且多次在原基础上重修寺院，明成祖敕赐"弘仁寺"，明宣宗赐名"宝觉寺"。清朝乾隆年间重建大佛殿和重妆大卧佛，身长34.5米、肩宽7.5米的大卧佛基本上保持了西夏时期的原貌。

---

① 参见〔清〕吴广成《西夏书事》卷一八。

4. 古塔

西夏古塔主要分布在宁夏境内，主要有贺兰山拜寺沟方塔、拜寺口双塔、宏佛塔和一百零八塔。拜寺沟方塔位于银川市西北方向 60 千米的贺兰山拜寺沟内。西夏塔名称早佚，因沟名塔形，俗称拜寺沟方塔。1984 年宁夏回族自治区开展文物普查时，被误认为明代建筑。1990 年，方塔被不法分子炸毁，在现场调查时，发现了墨书西夏文和汉文的塔心柱，才知晓这是唯一一座有明确纪年的西夏古塔。方塔背山面水（沟），平面方形，底层边长 6.8 米，毁坏前存 13 层，高 30 多米。塔腰出檐，为密檐式塔。

拜寺口双塔位于宁夏银川市贺兰县拜寺口内，东西相对而立，塔下及周围有大量西夏建筑遗址。两塔都是正八角形建筑，高十三级密檐式砖塔，都具有平地直起、不设基座、厚壁空心的特点。东塔底层边长 2.9 米，平面直径 7.24 米，残高 35 米，从底层到顶层仅有五度收分，呈直线锥体，显得挺拔有力。西塔底层边长 3.2 米，平面直径 8.4 米，残高约 36 米，第二层以上，每层每面皆有影塑佛龛一组。其中七层以下为汉传佛教风格，八层以上为藏传佛教风格。

宏佛塔坐落在宁夏银川市贺兰县潘昶乡的一座寺庙遗址内，为一座类似花塔的复合式塔，由楼阁式的下部和覆钵式上部组合而成，残高 28.34 米。塔基夯筑，方形，边长 11.5 米。楼阁式下部有三层，平面八角形，底层正面设门，通高 15.81 米。覆钵式上部残高 12.53 米，底部直径 8.57 米，由底座、塔身、塔刹三部分组成。

一百零八塔位于宁夏吴忠市青铜峡市峡口镇，在阶梯式十二级护坡平台上，依次按一、三、三、五、五、七、九、十一、十三、十五、十七、十九排列一百零八座喇嘛塔，故名。

5. 石窟

西夏石窟主要有莫高窟西夏洞窟、安西榆林西夏窟、东千佛洞西夏窟、鄂托克旗百眼窑石窟和贺兰山山嘴沟西夏窟。敦煌莫高窟始建于前秦建元二年（366），历经魏、周、隋、唐、五代、宋、夏、元各代，形成内容丰富的巨大石窟群。莫高窟西夏洞窟有 62 个，它们大部分是对前代洞窟的重新妆修，只有少部分为新开凿的。第 491 窟为新凿洞窟，残存一佛二供养天女彩塑，形态生动自然。第 97 窟凿于唐初，西夏重新妆饰，在西壁菩提宝盖两侧各绘飞天童子，童子头顶秃发，两边梳小辫，圆脸、细目，为党项族人物形象。莫高窟西夏洞窟中的西夏文题记，记录了王公贵族、僧俗百姓的姓名、职官和在莫高窟的宗教活动，为后世提供了西夏国名、纪年、职官、族姓以及语言文字等方面的珍贵资料。

百眼窑石窟位于内蒙古鄂尔多斯市鄂托克旗阿尔寨山的峭壁上，故又称阿尔寨石窟。该窟始凿于北魏，西夏、元、明续凿，分上中下三层，共计 65 窟，目前保留比较完整的有 43 窟。西夏窟佛像无存，但壁画保存较好，可分前后两期，前期为显宗题材，与敦煌壁画类似，多为药师佛。后期由显宗变为密宗，出现了藏传佛教的明王、胜乐金刚，人物形象夸张，色彩艳丽。

山嘴沟西夏窟位于宁夏银川市贺兰山东麓的沟坡上，从南向北有三窟，均是自然岩洞稍加装饰，涂抹草泥、白灰而成。于 20 世纪 80 年代文物普查时被发现。2005 年 9 月，经国家文物局批准，宁夏文物考古研究所对洞窟进行了考察，并发现了一批西夏文佛经。

除西夏建筑外，西夏艺术类中的绘画主要包括壁画、卷轴画、唐卡、木版画和版画；雕塑主要包括彩绘泥塑、石雕（砖雕）、竹雕（木雕）；建筑艺术主要包括：宫殿建筑、佛塔及寺庙、陵园建筑；工艺美术主要包括服饰、饰品、陶瓷器与金属器；书法主要包括篆刻、碑刻、雕版及书籍装帧用字；还包括西夏音乐和舞蹈。这些西夏艺术品涉及宗教、世俗、城市、农村草原的内容，包括中原传统风格、西藏传统风格，有党项族特色的，也有受周边其他民族影响的风格。①

二、西夏文献数据库

西夏文献按其质地可分为纸质和金石题刻两大类，按其文字有汉文、西夏文及少量的藏文、梵文等数种。西夏文献数据库应包含与西夏有关的所有文献及其外延的绘画、文物、历史照片、书卷图像等资料。其中，既

---

① 参见陈育宁、汤晓芳《西夏艺术史》，上海三联书店 2014 年版，第 4 页。

包括以西夏文书写的西夏文文献（内部数据），也包括西夏时期的汉文文献及与之有关的其他少数民族语言文字文献（共时数据），如藏文文献等。还有与西夏有关的羌语支诸族语言以及跨语系相关语言历时演变发展的文献（历时数据）。同时还包括现当代西夏学学者的学术论文及著作。

（一）西夏文文献资料

西夏文文献主要为20世纪以来在内蒙古额济纳旗黑水古城，宁夏灵武，甘肃敦煌、武威等地出土的文献，目前已相继出版了《俄藏黑水城文献》《中国藏西夏文献》《英藏黑水城文献》《法藏敦煌西夏文献》。其主要分类介绍如下。

1. 法律文献

在传世的西夏法律文献中，《天盛改旧定新律令》篇幅最长、记载最详、保存最为完整。该律令为夏仁宗天盛年间（1149—1169年）国家法律条文的汇集，共20卷、150门、1461条（缺16章与14章部分条目）。其中，卷一是对"十恶"的处罚规定；卷二为"八议""官当"等刑罚特殊适用原则；卷三为盗窃与债务方面的法律规定；卷四为边防制度；卷五为兵器供给与校验制度；卷六为战时动员与兵役制度；卷七为投诚与叛逃方面的规定；卷八为伤杀、犯奸以及婚姻方面的法规；卷九为司法制度；卷十为机构编制与官吏迁转方面的法规；卷十一为宗教管理等方面的规定；卷十二为内宫禁卫方面的规定；卷十三为举告、逋逃及传讯方面的法律规定；卷十四为斗讼方面的法规；卷十五为农田水利和税收方面的规定；卷十六主要为地租分成的规定；卷十七为市场与仓储管理的规定；卷十八为纳税、专卖与外贸方面的条例；卷十九为国有畜牧法；卷二十为补充规定。具有同样性质的法典还有天盛以后编修的《新法》《猪年新法》等。

《贞观玉镜统》是一部重要的西夏军事法典，夏崇宗贞观年间（1101—1113年）刊印，今存残卷有三种版本。该法典较详细地规定了西夏军队的编制、组织机构、赏罚等，是研究西夏军事制度史的珍贵史料。

《官阶封号谥号表》，首书皇帝封号及帝位继承人（太子）封号；次书封号名称，分上品、次品、中品、下品、末品、第六品、第七品；还有皇后、公主、嫔妃封号；诸王封号；国师、大臣、统军封号，其名称多为汉文史籍所未见，是研究西夏官制的珍贵资料。

2. 字辞书

《番汉合时掌中珠》系西夏文、汉文音义对照双解辞典，西夏骨勒茂才撰，成书于西夏乾祐二十一年（1190）。全书分天、地、人三类，类别中又分上中下三部分，大凡天象、地理、生物、人类及人类社会发生的一切事物、观念与伦理道德无所不包，是研究西夏语言、社会、官制以及生产工具、农作物品种、饮食文化等方面的重要资料。该辞典有黄振华、聂鸿音、史金波整理本（宁夏人民出版社1990年版），陈炳应在《西夏文物研究》一书中也做了专门研究。

《文海》是一部以韵分类的西夏文字典，成书于夏崇宗至仁宗时期（公元12世纪中期），现存残本3000多辞条。每个辞条及其释文都生动真实地反映了西夏农业、畜牧业、狩猎业、手工业、商业、阶级、军事、民族宗教、文学艺术、家庭婚姻、衣食住行、医药卫生、风俗习惯等方面的内容，是研究西夏语言文字、社会经济、政治、军事、文化等重要的资料。该书的相关资料有俄罗斯克平等四人合著的《文海》两卷本［科学出版社（莫斯科）1969年版］，我国史金波、白滨、黄振华合著的《文海研究》（中国社会科学出版社1983年版）。

《同音》又作《音同》，是西夏王朝编修的一部韵书，为研究西夏语言文字，尤其是语音系统的重要资料。该书始刊印于夏崇宗元德七年（1125），收西夏单字5800多个，是数种西夏文辞书中收字数量最多的一种。该书的相关研究资料有李范文著《同音研究》（宁夏人民出版社1986年版）。

《杂字》《三才杂字》《要集》均为残本，都是按事物分类编排的西夏文辞书。如《杂字》分地、山、河海、珠宝、织品、男服、女服、树木、蔬菜、花草、谷物、马、骆驼、牛、羊、飞禽、野兽、爬虫、昆虫、党项名、汉姓、党项姓、亲属称谓、人体、住室、食物、器皿、练兵、人名、历法等类，每类下面又列出本类诸品种。《三才杂字》与《杂字》同类，现存有织物、名称、山、树林、花草等类。《要集》中有器皿、乐器等名称。类似《杂字》的西夏文残页，在甘肃省武威市张义镇下西沟岘也有发现，该残页四字一组，有人认为是"四言"《杂字》，内容反映阶级关系，宣扬道德规范，记述婚姻关系和生儿育女等。

3. 文学作品

（1）《太祖继迁文》，可能是记载西夏太祖李继迁历史的作品，仅存残页。

（2）《贞观记》，小本书，记崇宗贞观年间（1101—1113年）事件。还有一种写本残页，首尾俱缺，可能是天盛年间某种大事记。

（3）《夏圣根赞歌》，以诗歌的形式记述党项祖先的历史活动，对研究西夏王室拓跋氏族源、党项风俗等有重要的参考价值。其翻译版本有克恰诺夫俄译本，日本西田龙雄、中国陈炳应和罗矛昆均有译释研究。

（4）《月月乐诗》一卷，夏仁宗乾祐十六年（1185）刊。以诗歌形式按十二月记载了自然景观、动植物生长与生产、生活的关系，反映了西夏人生产与生活的场景。今存有全本，西田龙雄发表有《西夏语〈月月乐诗〉之研究》相关著作。

（5）《新集锦合辞》一卷，系西夏诗歌谚语集。刊于夏仁宗乾祐十八年（1187），由御史承旨梁德养、王仁持编辑。记述了党项人民对生产、生活、社会、自然界、阶级、道德的认识，反映出西夏建国后思想文化方面越来越受到中原文化的影响。今存残卷，共31页，有克恰诺夫和陈炳应译释本。

（6）《圣立义海》，西夏文百科全书。刊于夏仁宗乾祐十四年（1183），内容十分广泛，包括天象、地理、动植物、工具、农业、饮食、器物、城市、皇室称谓、国家机构、宗教、军事、人事、阶级、阶层等等，正文下有释文，可以说是整个西夏社会及其知识水平的缩影。

此外，还有多种西夏诗文，如成书于夏仁宗乾祐十九年至二十年（1188—1189）的《新集碎金置掌文》，是仿汉文《千字文》而作的五言诗，其中"弥药勇健行，契丹步履缓。羌多敬佛僧，汉皆爱俗文。回鹘饮乳浆，山讹嗜荞饼"是西夏人对周边民族的认识。《新修太学歌》作于夏仁宗乾祐二十三年（1192），全诗共27行，词句华丽，是研究西夏文学的重要资料。

4. 译自汉文的典籍

如夏译《孟子》《孙子兵法》等典籍。

5. 官府文书和民间契约

官府文书和民间契约是研究西夏社会历史最直接的资料。20世纪末，我国学者史金波等在整理俄藏黑水城文献时，发现1000余件西夏社会文书，包括户籍、军抄状、账籍、契约、告牒、书信等等。其中，契约就有500多件，200多件有具体年代，这些珍贵资料被收于《俄藏黑水城文献》第十二至十四册中。

中国国家图书馆在整理馆藏西夏文文献时，揭下了170余件写有文字的裱纸，其中很多是西夏社会文书，有买粮账、贷粮账、税账、户籍、贷钱账、契约、军抄文书、审案记录、告牒等。史金波先生曾在《文献》2004年2期中撰文考释。

此外，近几十年来，我国甘肃、内蒙古等地又陆续发现了一些西夏社会文书，如《光定午年告牒》《乾定戊年卖驴契》《乾定酉年卖牛契》《乾定申年典糜契》《乙亥年借麦契》等等。出土于甘肃省武威市张义镇下西沟岘的《天庆虎年会款单》是夏桓宗天庆元年（1194）正月，10名西夏人筹款记录凭单，类似现今的"互助金"名单。上述社会文书均收录在宁夏大学西夏学研究院编纂的《中国藏西夏文献》中。

6. 医方、历书、卜辞

现藏于俄国的西夏文医方、医书有《治疗恶疮要论》181面，《本草》，《千金方》卷十三、十四，治疗各种疾病的"紫菀丸"及其配制、服用方法，医治马病的医方等。另外，在甘肃省武威市张义镇下西沟岘出土的三贴医方，据考证是治疗伤寒、寒湿症等一类病症的。医方遵循中医学传统，似为偏方，同时又带有原始巫医色彩，是研究西夏医学的重要资料。

在宋夏关系交恶时，宋朝经常中断向西夏颁赐历书，故西夏除使用宋历外，还有自己的历书。现存西夏文或汉文书写的历书残页，该历书用于有用两种文字书写的历书残片，为我们找到了西夏历书的实证。[①] 黑水城还发现过一种西夏文佛历残页，该历书用于说明何时拜佛译经可及时消释罪孽。

---

① 笔者注：该件历书最早公布于《英国博物馆季刊》24卷，1961年版3-4号。

7. 宗教文献

党项人笃信佛教，西夏时期用西夏文大量翻译刊印佛教经典。据粗略统计，传世至今的西夏文佛经有 400 余种，达 1000 卷以上。除西夏文佛经本身的宗教内容外，在译释佛经时留传下来的序、跋、发愿文、题款都忠实地记载了当时的宗教组织机构、宗教活动等，是研究西夏佛教史的重要资料。

（二）金石题刻资料

1. 碑刻

（1）保存至今的西夏碑刻首推甘肃省武威市出土的《重修凉州护国寺感应塔碑》，又称《西夏碑》或《凉州碑》。该碑立于西夏天祐民安五年（1094），阳面是西夏文，阴面为汉文，内容基本一致。碑铭叙述兴修寺塔的过程，涉及西夏社会经济、土地制度、阶级关系、国名、民族关系等内容，一向为治西夏史者所重视。

（2）西夏帝陵残碑。宁夏回族自治区银川市西夏陵区出土大量残碑碎块，其中带有文字的共计有 4411 块，大约三分之二是西夏文碑残块。

（3）夏州拓跋政权墓志铭。20 世纪末及 21 世纪初，陕西省榆林市在文物征集和打击文物走私和盗墓的专项斗争中，征集或缴获到《唐静边州都督拓跋守寂墓志铭并盖》《大晋绥州刺史李仁宝墓志铭》《故永定破丑夫人（李仁宝妻）墓志文》，内蒙古自治区鄂尔多斯乌审旗无定河镇十里梁的党项拓跋家族祖茔也相继出土了《大晋故虢王（李仁福）妻渎氏墓志铭》《后周绥州刺史李彝谨墓志铭》《大宋故定难军节度使李光睿墓志铭并盖》《大宋国故管内蕃部都指挥使李光遂墓志铭》《大宋定难军节度观察留后李继筠墓志铭》等等。

（4）府州党项折氏家族神道碑及墓志铭。陕西省府谷县出土了《折继闵神道碑》《折克行神道碑》《宋故武功大夫河东第二将折公（可存）墓志铭》《李夫人（折惟忠妻）墓志》，以及折御卿、折继新、折继全、折可复及其妻陈氏的墓志。

2. 官印、符牌和钱币

除碑铭外，西夏官印、符牌、钱币和其他器物及其上刻的文字也有非常重要的史料价值。

（1）官印。传世的西夏官印达130余方，铜质，方形，上方柱钮，印文九叠白文篆字。有二字、四字、六字几种，其中以二字"首领"印占绝大多数。印背两侧分别刻有人名与年款，形制与宋印无异。

（2）符牌。传世西夏符牌有20余枚，按内容可分为宿卫牌、守御牌、信牌三种。

（3）钱币。迄今所见的西夏文钱币有福圣宝钱、大安宝钱、贞观宝钱、乾祐宝钱、天庆宝钱等五种，汉文钱有天授通宝、大德元宝、元德通宝、天盛元宝、乾祐元宝、天庆元宝、皇建元宝、光定元定等。

（4）镌有文字的西夏文物。比较重要的有宁夏灵武市出土的三件银碗，碗底内有西夏文墨书"三两""三两半"，标明重量，经实测重量为114克与137.5克，可知西夏一两为38～39克，与北宋一两39～40克相近，此为研究西夏衡制的重要资料。

3. 墙壁题记

敦煌莫高窟和安西榆林窟西夏文题记，大致可以划分为功德发愿文、供养人题榜和游人巡礼题名三种类型。

第三节 文献数据库结构

西夏文献数据库总体结构涵盖西夏艺术、西夏建筑、西夏文献、学术研究等方面。其中，又以西夏文的相关内容为重点建设对象。例如，可以从西夏文音韵学、语言文字学、西夏文语料库及西夏文文物图库等几个部分进行数据库建立工作。建立西夏文献数据库之前，应先按照本章第一节中西夏文献所包含的内容建立西夏文献数据库结构图。建立结构图可以进一步梳理西夏文献所包含的具体内容。图4-1是西夏文献数据库总体结构示意图。

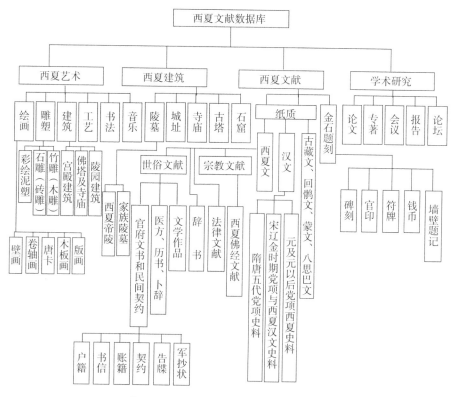

图 4-1　西夏文献数据库总体结构图

如图 4-1 所示，整个西夏文献数据库大体分为五个层次。第一层为文献分类，第二层为各个分类下的子分类。如西夏建筑分为五大类，其中"陵墓"二级分类中又可分为"西夏帝陵"与"家族陵墓"。第三级分类是对二级分类的进一步细化，如西夏文献按照书写文字可分为"西夏文""汉文"及少数民族文字。其中，"西夏文"又可细分为第三层的"世俗文献"与"宗教文献"。而"世俗文献"还可以再继续细分为第四层。

在总体结构的基础上可以自上向下逐步求精地进行数据表的逻辑结构设计。一般通过实体—关系图表示数据库中实体的属性关系。下面以《文海宝韵》为例，建立西夏文献数据库的实体—关系图①（如图 4-2 所示）。

---

①　参见杜建录《西夏学》——首届西夏学国际论坛专号（下），上海古籍出版社 2010 版，第 204-212 页。

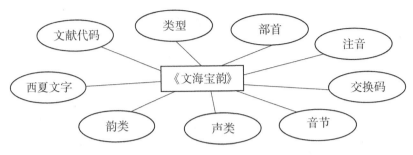

图4-2 西夏文献数据库的实体—关系图

有了实体—关系图后,还需要设计表的数据字典。数据字典是数据库中各类数据描述的集合,是详细的数据收集和数据分析的主要成果。数据字典通畅包括数据项、数据结构、数据流、数据存储和处理过程五个部分。数据字典是在需求分析阶段建立的,并且需要在数据库的设计过程中不断进行修改、充实和完善。西夏文献数据库的数据字典主要按照各个结构模块中包含的数据表进行详细设计。西夏文献数字化平台中的西夏文字基本数据详见表4-1,西夏文献影印图像数据详见表4-2,西夏文献影印图像切片图数据详见表4-3。

表4-1 西夏文字基本数据

字段名称	字段类型	Null	含义	示例数据 & 备注
Xxz_id	char(4)	否	编号	0001
xxz_code	char(8)	是	西夏字机内码	E000
Strokes	Int	是	笔画数	10
Stro_order	char(30)	是	结构排序码	ABEAAABBBA
xxz_pron	char(30)	是	国际音标	sjwɨ|1.3|Ⅵ

表4-2 西夏文献影印图像数据

字段名称	字段类型	Null	含义	示例数据 & 备注
Pic_id	bigint	否	图像编号	25
pic_name	char(50)	是	图像名称	音同甲种_001
pic_address	char(50)	是	图像地址	E57D3C….79B.jpg
pic_id	char(50)	是	图像编号	NULL

续表 4-2

字段名称	字段类型	Null	含义	示例数据&备注
pagenum	char（50）	是	图像页码	Null
type	bigint	是	图像类型	4
pic_w	int	是	图像宽度	2112
pic_h	int	是	图像高度	1517
pic_note	char（MAX）	是	图像注释	俄 Инв. No. 207 音同（甲）56-1 俄藏黑水城文献第七卷 P1

表 4-3 西夏文献影印图像切片图数据

字段名称	字段类型	Null	含义	示例数据
rect_id	char（50）	否	切片序号	r0
Pic_id	bigint	否	图像编号	25
Xxz_id	char（4）	是	西夏字序号	1
rect_x	int	是	X 坐标	322
rect_y	int	是	Y 坐标	64
rect_w	int	是	切片宽	84
rect_h	int	是	切片高	79
rect_pic	char（50）	是	切片图像	E59B. jpg
rect_exp	char（50）	是	切片注释	Null

通过数据字典建立数据表，根据其结构关系可探究表与表之间的关联。在关系型数据库中，一般有三种关系：一对一、一对多、多对多关系。上述三个数据表可以实现西夏文献数字化平台中的影印文献浏览显示功能。利用第三章的内容可以将扫描录入的影印文献图像分块切割，再将切割得到的数据存入切片图数据表中。对每一个切割的图片（即单个的西夏文字图片）进行文本化查码录入，录入的西夏文字将形成与切割图片一一对应的关系，当用户使用鼠标点击影印图像中的切割图像区域时，系统将弹出其对应的西夏文字的文本化显示。这样做的优点是可以让用户在阅读西夏文献时有一个直观的感受与体验，而且还能最大限度地保证文本化

的准确性。系统所呈现的文本化显示结果直接对应原文献的图像，如果对应错误，读者或用户可直观发现并加以纠正。但是，这种切块的方法也有局限性，其对整句的处理会显得比较复杂且失去了线性化文献的特点。由于切割本身将文献变成了一个个的单字来处理，因而对于计算机来说，如果今后需要进一步对西夏文语句进行处理或分析，那将需要通过复杂的算法进而对单字成句的字串进行处理。这也是今后需要继续研究的问题。上述表4-1、表4-2、表4-3的实现形式如图4-3所示。

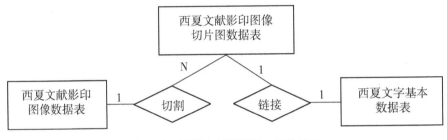

图4-3 西夏文献数据表之间的关系

如图4-3所示，西夏文献影印图像数据表与西夏文献影印图像切片图数据表之间是一对多（1∶N）的关系，即一张影印文献扫描图像中可以切割成多个西夏文字图片，其连接关键字为Pic_id。西夏文字基本数据表与西夏文献影印图像切片图数据表之间是一对一（1∶1）的关系，即一张切片图像对应一个西夏字符，其连接关键字为Xxz_id。每一张西夏文献影印图像都可以切割出多个西夏文单字的图像切片，而不同的西夏文献中切割出的西夏文单字切片汇总在一起后，又可得到每个西夏文字在不同文献中的多个切片。单字图像切片通过人工加机器辅助标注，可对应一个释义。标注过程主要以人工录入为主、机器标注为辅，这主要是因为西夏古籍文献中的版面识别方法对版面的要求较高，对一些残破或书写潦草的文献图像的识别率较低。

图4-3中的内容代表了西夏古籍影印文献从扫描图到最终文本化页面的全部过程。其中，通过结合切片图像与夏汉电子字典数据库实现了西夏文献文本化的计算机自动排版功能。从最终的文本化页面可以看到，该《同音》页面的版式基本得到了完整的保留，同时，大字和小字也自动按

照影印图像原图的字号大小得以保留。实际上，图4-3所示的内容就是从西夏文献图像转换为文献纯文字文本形式的过程。而这个过程将整个西夏文献数据库有机地连接在一起，使各个数据表统一地展现在最终的文本化页面中。在整个数据库的建立过程中，从最基础的西夏文字库的创建到机内编码方案的确立及输入法的编程，都需要进行大量前期的基础性工作。有了这些基础性工作，才能开始着手建立数据库。

确定了西夏文献数据库的总体设计方案后，还需要进一步讨论数据库的物理设计。数据库在物理设备上的存储结构与存取方法被称为数据库的物理结构，它依赖于选定的数据库管理系统。为西夏文献数据库的逻辑数据模型选取一个最适合应用要求的物理结构的过程，就是数据库的物理设计。本书所使用的西夏文献数据库管理系统为微软公司出品的 SQL Server 数据库。该数据库达到了支持超大型企业进行联机事务处理、高度复杂的数据分析、数据仓库系统和网站所需的性能水平。由于应用环境不断发生变化，数据库运行过程中的物理存储也会不断变化，因而对数据库设计进行评价、调整、修改等维护工作是一个长期的任务，也是设计工作的继续和提高过程。

西夏文献数据库的建立方法为其他少数民族语言文字的文献数据库的建立提供了有益的范例。利用数据库建立西夏文献电子化文档可大大缩短建设周期，相比传统的卡片、手抄方式而言，速度有了很大提升。

第四节 西夏文献数据库的应用

一、西夏文献数据库检索系统

西夏文献数据库检索系统是为方便西夏学学者研究西夏文献而开发的专用软件。该系统能够提供西夏文和汉文关键字的全文模糊检索功能。检索数据库包括西夏文献编号、西夏文献名称、西夏文献来源、西夏文献内容、汉文译文（汉文对照内容）、备注及西夏文献原始图片等七个属性。

相比传统的手工查阅文献，该工具能够快速、准确地找到与关键字相关的文献内容，含有关键字的内容已被着重标注并和原始文献图片之间设置了超级链接，以便于使用者进行录文与原始文献的对勘。图4-4是西夏文献数据库检索工具界面。

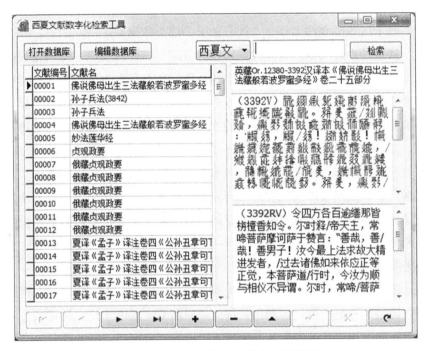

图4-4　西夏文献数据库检索工具界面

在图4-4中，左侧列表显示数据库中所有西夏文献的目录列表，用户选择其中一项后，则可在右侧编辑框中看到与该文献相关的详细信息。如图4-4所示，当选择文献为《佛说佛母出生三法藏般若波罗蜜多经》后，右侧上方的编辑框显示该文献的具体出处为"英藏Or.12380-3392汉译本《佛说佛母出生三法藏般若波罗蜜多经》卷二十五部分"，中部编辑框显示该文献的部分西夏文原文，下部编辑框显示其汉文译文。目前，该检索系统已经录入西夏文内容12500条，主要涵盖西夏文字、辞书内容、部分西夏文佛经和夏译汉籍文献等。该数据库系统并未将一部文献整体保存为一条记录，而是将一部文献拆分为若干段落或句子后，再逐条录入数据库。这样做的优点是可以尽可能详细地检索到结果。

该系统的检索功能可以检索西夏文或汉文关键字。首先，需要选择关键字类型即图4-4上部标有"西夏文"的下拉按键，如果需要查找汉文译文的相关内容，可选择该按键中的"汉文"，如果需要查找西夏文文献中则选择"西夏文"。将需要查找的内容输入检索关键字输入框，并点击"检索"按键即可完成一次检索。例如，现在要查询夏译《孟子》文献中有关"父子"的西夏文内容，则需输入西夏文关键字"𘘥𘑨"，即可见如图4-5所示的检索结果。

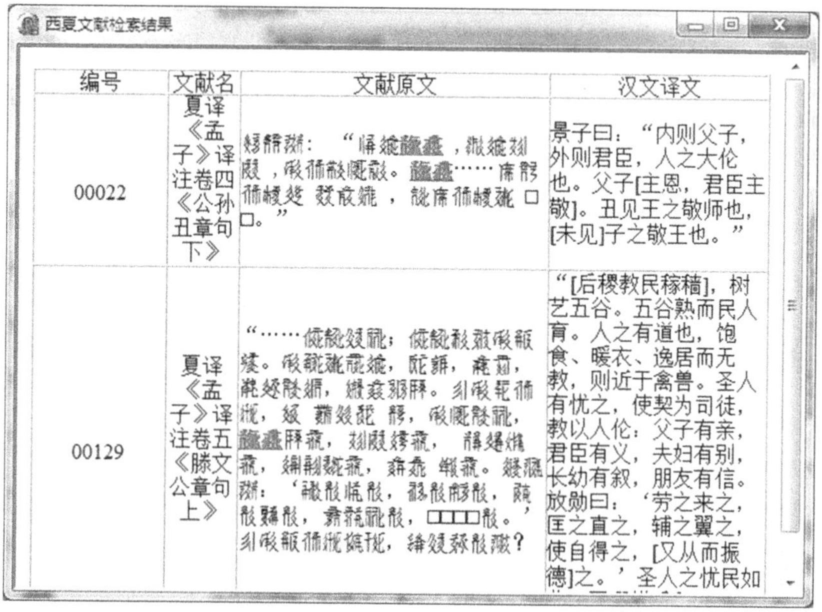

图4-5 西夏文"𘘥𘑨"的检索结果界面

"𘘥𘑨"，字面意义为"子父"，汉文对译为"父子"，词序有所颠倒。夏译者多把汉语中一类由并列式构成的名词的词序进行颠倒处理，甚至连一些并列复句的次序也颠倒译之。检索系统可以准确查找到夏译《孟子》中位于卷四《公孙丑章句下》和卷五《滕文公章句上》中的两条西夏文原文。其汉文对译的内容亦在右侧框中显示，方便研究者对照释读。该检索方法可以大大提高西夏文献的查阅速度，同时所检索的内容准确度较高。为清楚显示，检索系统将上例中的关键字"𘘥𘑨"用红色字体的超链接标记。类似方法还可以用来查找文献中含有"𘜶𘟂"一词的西夏文文献。图4-6是对西夏文"𘀋𘀋"一词进行检索的结果界面。检索结果显示"𘀋𘀋"一词出现在《孙子兵法》文献中。

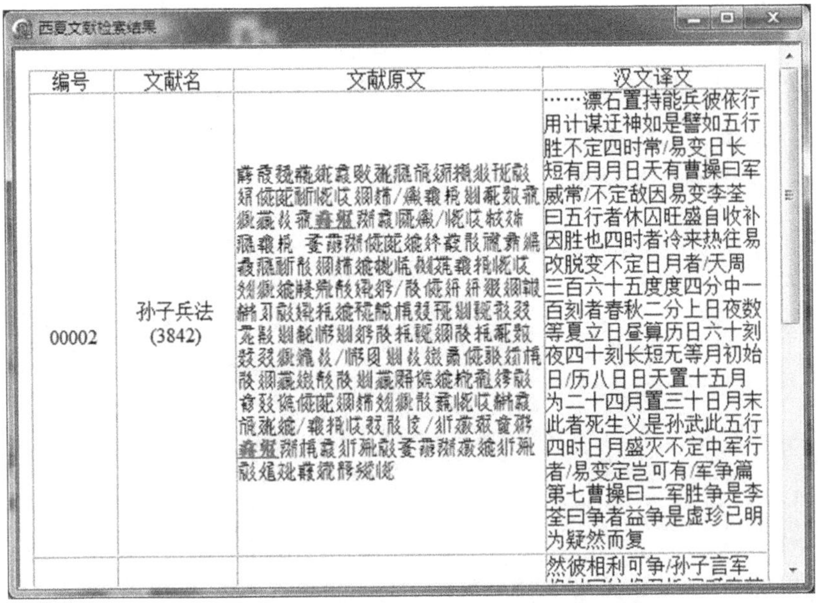

图4-6 西夏文"𘀋𘀋"的检索结果界面

点击图4-6中的链接"𘀋𘀋",则可链接到该西夏文录文的原始图片。这样当学者需要查看原始文献并进行对比研究时,可通过上述方法快速得到原始文献的图片,这大大加快了搜索速度。相比原始的手工查阅卡片、文献的方法,该检索系统可以节省大量查阅时间,并为西夏学研究提供快速、准确的西夏文电子资料。上述所得的原始文献图像均保存在网络服务器中,用户只需连入互联网即可使用这些西夏文献电子版的原始文献资料。(如图4-7所示)

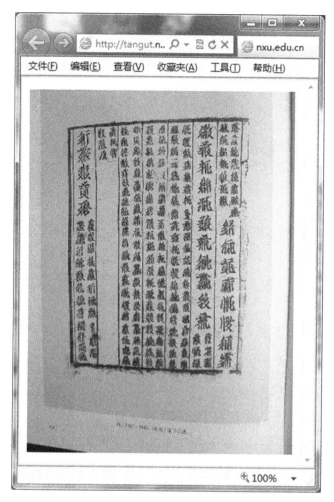

图4-7 "𘂜𘄴"检索结果的原始文献图片

除了检索西夏文外，该检索系统还可以检索汉文译文中的相关内容。例如，要检索与"年月"有关的文献内容，则只需在关键字输入框中录入"月"即可查询到与其相关的文献内容，图4-8为在部分西夏文献中检索关键字"月"所得到的结果实例。

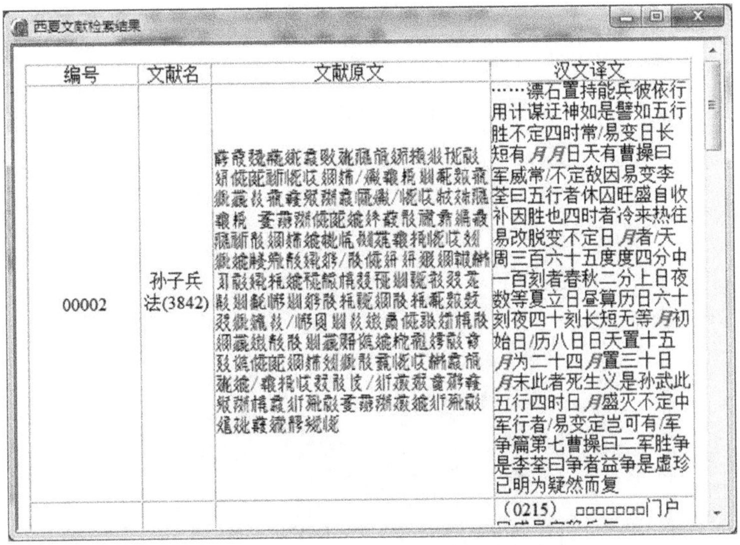

图4-8　汉文译文检索结果界面

检索结果共得到7条与"月"相关的文献条目,其内容如图4-9所示。

图4-9　汉文检索列表

其中,《孙子兵法》(3842)中西夏文原文为"󰀀󰀁󰀂󰀃󰀄󰀅󰀆󰀇󰀈󰀉󰀊󰀋󰀌󰀍󰀎󰀏󰀐󰀑󰀒󰀓/󰀔󰀕󰀖󰀗󰀘󰀙󰀚󰀛󰀜󰀝󰀞󰀟󰀠󰀡󰀢/󰀣󰀤󰀥󰀦󰀧󰀨󰀩󰀪󰀫󰀬󰀭󰀮󰀯󰀰󰀱󰀲󰀳󰀴󰀵󰀶󰀷󰀸󰀹󰀺󰀻󰀼󰀽󰀾󰀿/󰁀󰁁󰁂󰁃󰁄󰁅󰁆󰁇󰁈󰁉󰁊󰁋󰁌󰁍󰁎󰁏󰁐󰁑󰁒/󰁓󰁔󰁕󰁖󰁗󰁘󰁙󰁚󰁛󰁜󰁝󰁞󰁟󰁠󰁡󰁢/󰁣󰁤󰁥󰁦󰁧󰁨󰁩󰁪󰁫󰁬󰁭󰁮󰁯󰁰󰁱󰁲󰁳󰁴󰁵󰁶󰁷/󰁸󰁹󰁺󰁻󰁼󰁽/󰁾󰁿󰂀󰂁󰂂󰂃󰂄󰂅󰂆󰂇󰂈󰂉󰂊󰂋󰂌󰂍󰂎󰂏",其汉文译文为"……漂石置持能兵彼依行用计谋迂神如是譬如五行胜不定四时常/易变日长短有月月日天有曹操曰军威常/不定敌因易变李荃曰五行者休囚旺盛自收补因胜也四时者冷来热往易改脱变不定日月者/天周三百六十五度度四分中一百刻者春秋二分上日夜数等夏立日昼算历日六十刻夜四十刻长短无等月初始日/历八日日天置十五月为二十四月置三十日月末此者死生义是孙武此五行四时日月盛灭不定中军行者/易变定岂可有/军争篇第七曹操曰二军胜争是李荃曰争者益争是虚珍已明为疑然而复"。

夏译《孟子》译注卷四《公孙丑章句下》中,西夏文原文为"󰂐󰂑󰂒󰂓 󰂔󰂕󰂖 󰂗󰂘󰂙 󰂚󰂛󰂜,……󰂝 󰂞󰂟󰂠󰂡 󰂢󰂣󰂤󰂥 ",其含有"月"的汉文译文为"孟子谓蚳鼃曰:子之辞灵丘而请士师,[似也,为其可以言]也。今既数月矣,未可以言与?"

夏译《孟子》译注卷五《滕文公章句上》中,"󰂦󰂧󰂨󰂩 󰂪󰂫󰂬 󰂭󰂮 󰂯󰂰󰂱 󰂲󰂳󰂴 󰂵󰂶󰂷 󰂸󰂹󰂺 󰂻󰂼󰂽󰂾 󰂿󰃀󰃁󰃂 󰃃󰃄󰃅󰃆 "的西夏文原文的汉文译文为"五月居庐,未有命戒。百官族人谓曰知,可。及至葬,四方来观之,颜色之戚,哭泣之哀,吊者大悦"。

夏译《孟子》译注卷六《滕文公章句下》中,西夏文原文为"󰃇󰃈󰃉 󰃊󰃋 󰃌󰃍 󰃎󰃏󰃐󰃑󰃒 󰃓󰃔󰃕󰃖 󰃗󰃘󰃙󰃚󰃛 󰃜󰃝󰃞 󰃟󰃠󰃡󰃢󰃣 󰃤󰃥 ",其汉文译文为"孟子曰:'仕。'《传》曰:'孔子三月无君,则皇皇如也,出疆必载质。'公明仪曰:'古之人,三月无君,则吊。'"

二、西夏文字典数据库检索实例

为了说明有据,现将西夏文文献中的9种辞书文献及相关世俗文献作为检索集,对5个常用词汇在该检索集中进行全文检索。检索结果详见表4-4。

表4-4 西夏文献测试概念检索结果

待检索概念	检索数	检索结果(前5位)				
姓氏	288条	𗁨	𗧘𘗁	𗥔	𗥹	𘗁
草	85条	𘊐	𘊎	𘊏	𘋩	𘋪
菜	24条	𗼇𘊐	𘊑	𘊒	𘊓	𘊔
白	13条	𘜶	𘝀	𘝁𘝁	𘝂	𘝃
病	24条	𗗊	𗗋	𗗌	𗗍	𗗎

表4-4中共给出了"姓氏""草""菜""白"和"病"等5个常见词汇。对这5个常用词汇在西夏文献数据库中进行全库检索,共得到与"姓氏"相关的检索条数288条,与"草"相关的检索条数85条,与"菜"相关的检索条数24条,与"白"相关的检索条数13条,与"病"相关的检索条数24条。这些检索结果均为包含上述常用词汇的西夏文内容,所得结果中只要包含这五个常用词汇之一即被认为是一条有效记录。通过模糊匹配检索能够最大限度地查找包含关键字的数据库记录,其结果可在后期通过人工进一步筛选。例如,本实例中"姓氏"的288条中包含有姓氏"白"的西夏文条目,而在对颜色"白"进行检索时也出现了姓氏"白"的西夏文条目,因此在这种情况下要对"白"的15条记录进行人工筛选,经过筛选后最终剩下13条有效记录。出现这种检索交集情况的原因主要是检索过程中没有加入"语义理解"所致,因此加入"语义理解"的全文检索还有待后续研究。

将上述检索结果与目前西夏学学者常用的手工检索进行对比,以最常用的《夏汉字典》(2008年新版)为例,该字典的"汉夏检字索引"目录的"姓"或"姓氏"的索引词条仅有1条索引,远少于本数据库检索结果；"草""草名""草木"等索引词条有64条，少于本数据库的85条检索结果；与"白"相关的索引词条有6条，少于本数据库13条的检索结果；与"病"相关的索引词条有9条，少于本数据库24条的检索结果。相比于传统的手工检索，利用西夏文献数据库进行检索可得到更加全面和准确的数据资料。上述测试仅仅是在部分西夏文献中进行的，如在完整的西夏文献数据库中进行全文检索，则所得的检索结果将更加丰富与全面。下面列举前述五个常用概念的检索结果中前五条记录进行例句与西夏文词汇的进一步说明，其中每一条西夏文例句均注释了西夏文文献出处及其中文释义。

（1）以"姓氏"为检索关键字，共有288条检索记录。其中，主要以西夏族姓、姓氏及宗族姓氏为主。排在前五位的西夏文字检索结果如下所示。

1）𘜶，翁、公、祖、爷、父；[屋]族姓。𘜶𘜶（同44B4）；𘜶𘜶𘜶𘜶𘜶𘜶𘜶𘜶𘜶𘜶𘜶𘜶𘜶𘜶，翁：首上白全，翁者公也，爹爹，年长之谓（海56.241）。𘜶𘜶𘜶𘜶𘜶𘜶𘜶𘜶𘜶，[令]者先公之族姓[令]之谓（海68.171）。𘜶𘜶𘜶𘜶𘜶𘜶，令为祖先行盛礼（华3）。𘜶𘜶𘜶𘜶，祖先大仙（孔226）。𘜶𘜶𘜶𘜶𘜶，黄石公三略（本124）。

2）𘜶，宗族、姓氏；[啰]；垒。𘜶𘜶，姓名（同46A7）。𘜶𘜶𘜶𘜶，卓啰监军（考9）。𘜶𘜶𘜶𘜶𘜶𘜶𘜶𘜶𘜶𘜶𘜶𘜶𘜶𘜶𘜶𘜶𘜶𘜶𘜶𘜶。郭者东郭，营垒，国中有也，王室处城市者，东郭营垒谓也（海38.1522）。

3）𘜶，[阁]族姓。𘜶𘜶𘜶𘜶𘜶𘜶𘜶𘜶，[潭阁]族姓（海31.141）。𘜶𘜶𘜶𘜶𘜶 𘜶𘜶𘜶𘜶𘜶，相处很满意，一别很尴尬（谚200）。

4）𘜶，[来]、[赖]族姓。𘜶𘜶𘜶𘜶𘜶𘜶𘜶𘜶𘜶𘜶𘜶𘜶𘜶，[赖]：[温]心[来]右；[赖]者族姓[赖]之谓也（海43.151）。

5）𘜶，[金]族姓；金黄色。𘜶𘜶 𘜶 𘜶 𘜶 [金]：黄（右）[今]（右）（宝77.24）。𘜶𘜶𘜶𘜶，黄：颜色金黄（同丁29A44背注）。

（2）以"草"为检索关键字，共有85条检索记录。

1）𘜶，[骆]草名。𘜶𘜶𘜶𘜶𘜶 𘜶𘜶，骆驼刺：骆左驼右；草名（合编甲23.192）。𘜶𘜶𘜶𘜶，骆驼刺（同丁14A71背注）。

2）󰀀，牧草。󰀀 󰀀󰀀󰀀󰀀󰀀󰀀󰀀󰀀󰀀󰀀󰀀󰀀󰀀󰀀󰀀，牧草：牧全草左（杂9.271）。

3）󰀀，草、茅。󰀀󰀀󰀀󰀀󰀀󰀀󰀀󰀀󰀀󰀀󰀀，柴者草木也，种种草木之名（海39.123）。絢砑襣嘻汝蜘簧，常以软草做衣服（七122）。

4）󰀀，［葵］草名。󰀀󰀀［葵窟］，󰀀󰀀󰀀󰀀󰀀󰀀󰀀（海70.161）。

5）󰀀，［能］草名。絎殹憾瓻緎霯嬾瓻鲢裵獥哼瞳殹憾瓻級絲纁󰀀󰀀󰀀󰀀緎，君不要怒，放牧需要还程，天会下雨；妇不要恼，青饲料已出，牛会有乳（谚188）。

（3）以"菜"为检索关键字，共有24条检索记录。

1）󰀀，菠菜。絹󰀀［菠菱］（同51B4）。

2）󰀀，［蒿］菜名。󰀀󰀀瓿甏瓻󰀀󰀀瓿甏󰀀󰀀󰀀󰀀󰀀󰀀󰀀󰀀，［蒿］圈菜左；［蒿］者菜名（海74.261）。

3）󰀀，［耶］菜名。󰀀甏，野菜（同43B7）。

4）󰀀，齿（马齿菜）。󰀀󰀀甏 鲑瓻甏瓻 甏󰀀󰀀󰀀虺獂覦󰀀，马齿菜：齿左菜左；菜中汉语马齿菜谓（合编甲19.041）。

5）󰀀，半（春菜）。󰀀󰀀甏，半春菜（同24B7、珠251、字7）。

（4）以"白"为检索关键字，共有13条检索记录。

1）󰀀，灰白色。󰀀󰀀󰀀䫻󰀀󰀀潨綫󰀀󰀀󰀀，黄白者，灰白也，色容颜之谓也（海12.262）。鲢氹󰀀鞁侈矻討󰀀瓻淉，天上黄风一起，地上劲草难立（谚204）。

2）󰀀，󰀀甏瓻󰀀桃緣愢霯煰瓻󰀀，分明：黑左白右；分明已显明（合编甲23.201）。

3）󰀀󰀀，谓、云、说、曰、白。󰀀瓿瓻󰀀瓻󰀀󰀀󰀀祷󰀀瓻瓻󰀀󰀀，曰：乃左意左；曰者曰也，宜也，说也，曰说也（海39.151）。

4）󰀀，白皑皑。祥瓻祥䓖䓖󰀀骰󰀀綫󰀀󰀀󰀀，白者，白生生，色容颜之谓也（海61.151）。

5）󰀀，灰白、黄白色。󰀀䧳󰀀骰級憾憾繘椛鞦鞦骰憾骰，草青草枯年复年，人生人死代相传（谚158）。

（5）以"病"为检索关键字，共有24条检索记录。

1) 𗧓，遇、染（病）。𗤳𗅆𗤳𗧓𘂬，遇者，相遇也（海40.142）。

2) 𗼻，患病、病卒。𗏇𗅆𗏇𗼻𘂬𗤳𗓁𘂬𗧊𗅎𘂬𗤳𘜔𘂬𘊳𘂬𗼻𗰜𘟣𘂬𗼻𗷖𗸅𘂬，病者，疾病也，受罪也，病患也，疾病也，患也，四大病患不相和也（海54.222）。

3) 𗤳，马病也。𗼻𗅆𗤳𘂬𗼻𗏇𗼻𘂊，马病者，马病也，马染疾之谓（杂15.251）。

4) 𗤳，疾病。𗏇𗅆𗏇𗼻𘂬𗤳𗓁𘂬𗧊𗅎𘂬𗤳𘜔𘂬𘊳𗼻𗷖𗸅𘂬，病者，病患也，受罪也，疾病也（海54.222）。

5) 𗤳，疾病。𗤳𗤳𗧊𗅎𘂬𗤳𗅆𗤳𗓁𗓁𘂬𗏇𗼻𘂬𘊳𘁆𘂬𗤳𘜔𘂬𗼻𗷖𗸅𗤳𘂊，疾：病因闷左；疾者病罪也（杂3.141）。

为了保证数据库的真实性和有效性，通常采取图文对应的方式进行文献源头追溯。通过建立图文之间的联系，用户可以随时查看数字化文本的原始图像，从而进一步保证文本的准确性及统一性。表4-5为《夏汉字典》中109号西夏文字在《同音》甲乙版本及《番汉合时掌中珠》文献中的48幅切片图，是本书数据库建立的一个西夏文字单字切割图片汇总示例表。

表4-5　西夏文单字切割图片汇总示例表

西夏文字	四角号码	中文释义	英文释义
𗼑（16画）	104240	星宿、星象、曜	constellation

续表4-5

西夏文字	四角号码	中文释义	英文释义
翇（16画）	104240	星宿、星象、曜	constellation

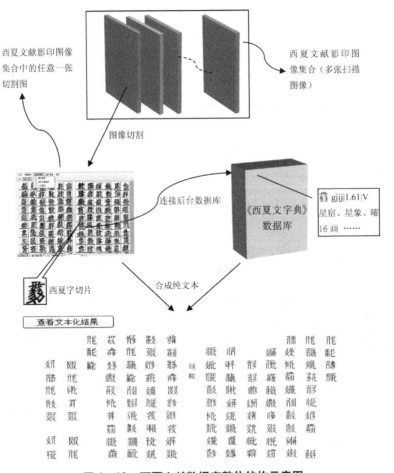

图4-10　西夏文献数据库整体结构示意图

（一）在线夏汉电子字典

在线夏汉电子字典不同于一般的网络字典，其特殊性在于西夏文字本身是一种极不常见的古代文字。而如何将其准确、稳定地显示于客户端浏览器中，则是需要研发者解决的主要问题之一。本书采用了静态与动态水印方法，可以有效地实现西夏文字的显示。西夏文字属于表意文字，而作为电子字典，其检索方式较汉字检索方式更为复杂，主要表现为检索关键字繁多。因此，在线夏汉电子字典的主要功能是实现较为方便的检索与查找。采用分类算法能够较好地实现电子字典的模糊查询与检索。由于受到西夏文字的局限性，在线夏汉电子字典目前还存在与操作系统 IME 输入法不直接兼容等问题，今后的主要研究方向是如何建立与之相适应的在线西夏文输入法。

1. 数据与功能设计

（1）数据库设计。

在线夏汉电子字典数据库包含四个基本表：西夏文字基本表（详见表4-6），汉文西夏文检索表（详见表4-7），英文西夏文检索表（详见表4-8），字典词条数据表（详见表4-9）。其中，西夏文字基本表是以《夏汉字典》中6000余个西夏文字为顺序编排的。

表4-6 西夏文字基本表

Field Name	Type	Size	Key
XxzID	Alpha	4	*
Xxz	Alpha	6	

表4-7 汉文西夏文检索表

Field Name	Type	Size	Key
Chinese	Alpha	50	
XxzID	Memo	50	

表4-8 英文西夏文检索表

Field Name	Type	Size	Key
English	Alpha	50	
XxzID	Memo	50	

表4-9 字典词条数据表

Field Name	Type	Size	Key
XxzID	Alpha	4	*
Sjhm	Alpha	6	
En_mean	Memo	50	
Ch_mean	Memo	50	
Jp_mean	Memo	50	
Rus_mean	Memo	50	
Img	Graphic		

其中，XxzID 表示西夏文字的顺序号范围是 1～6073；Xxz 表示每个西夏文字的 Unicode 编码，其类型为字符型；这里我们没有直接存储西夏文字符，而是将每个字符的机内码作为对象进行存储。例如，"𗆈"的机内编码是 7645H，我们在数据库中并没有直接存储"𗆈"字符，而是以字符串的类型存储 7645H，这样做的目的是为了今后升级的方便，假如今后对西夏文机内码进行重新编码，那么只需在表中修改 Xxz 属性的值，即可完成整个夏汉电子字典中西夏文字的机内码的更改。Chinese 表示中文检索关键词；English 表示英文检索关键词；Sjhm 表示西夏文字的四角号码；En_mean 表示西夏文字的英文解释，其类型为备注型；Ch_mean 表示西夏文字的中文解释；Jp_mean 为预留属性，代表西夏文字的日文解释；Rus_mean 为预留属性，代表西夏文字的俄文解释；Img 表示该西夏文字的原始古籍西夏文献切割图。

（2）基本结构设计。

在线夏汉电子字典为用户提供在线查询、在线输入等功能。西夏文在线夏汉电子字典与一般的中英文电子字典的主要区别在于其显示了西夏文字的特殊性，在实现一般意义上的电子字典功能时，还需要考虑西夏文字符在用户端显示与输入的问题。图 4-11 是在线夏汉电子字典的功能模块流程图。

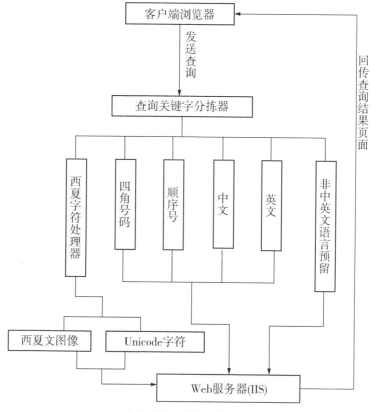

图 4-11　功能模块流程图

在图 4-11 中，用户可以通过模糊查询功能输入查询关键字，关键字分拣器能够自动分拣出用户所输入的字串属于的关键字类型。关键字的分类主要为：中文、英文、西夏文、四角号码及西夏文顺序号五大类。为方便今后扩充，还特别为俄文、日文等非中英文语言预留了查询接口。例如，西夏文字"𗥰"，其四角号码为 212222，其在夏汉字典中的唯一序号为 2027，中文解释为"穷、尽、绝、无"，英文解释为"limit，end"。按照图 4-11 的功能表述，用户可以通过输入"𗥰""212222""2027""穷、尽、绝、无"和"limit，end"中的任意一个内容作为关键字进行查询,且所有关键字均可反向检索。其中,除按照西夏文顺序号进行一对一检索之外,其他关键字检索均可以出现一个或多个检索结果。图4-12是按照西夏文顺序号2318为关键字所得的检索结果,其中黑色粗体为西夏文字符的图像转换图,西夏文细体小字为西夏文的Unicode字符显示,该Unicode字符可直接在常用文本编辑软件中复制、粘贴并与中英文混合排版编辑。

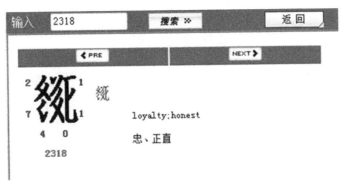

图4-12 按顺序号检索结果示例图

(3)模糊查询功能。

在线夏汉电子字典提供了一个文本输入框来实现查询关键字的输入操作。程序能够根据输入的内容自动判断执行的查询方式,即图4-11中所示的"查询关键字分拣器"模块的功能。查询主要分为两步:第一步检查用户输入的合法性,第二步判断通过合法性检查的文本类别,最后执行相应的查询语句。用户合法性检查主要是检测用户输入的字符是否为字典程序可接受的字符。通过合法性检查后,则对用户输入的关键字进行分类,即判断用户输入的关键字是中文、英文、西夏文还是四角号码或顺序号。分类算法具体步骤如下所示,流程如图4-13所示。

1)按字符切割字符串。

2)切割出的字符是否都为字母,如果是则转入英文处理模块。

3)如果不是,再判断字符是否都为数字;如果不是,则按照中文字符串处理。

4)如果是,则判断字符串长度:如果长度是4,则按照顺序号处理;

如果长度是6，则按照四角号码处理。

5）否则，显示错误信息。

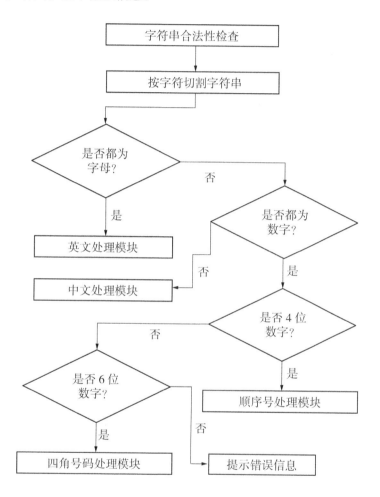

图4-13 分类算法流程图

西夏文在线电子字典的主页面以深绿色调为主，使用大量的印章效果，效果如图4-14所示，查询页面如图4-15所示。

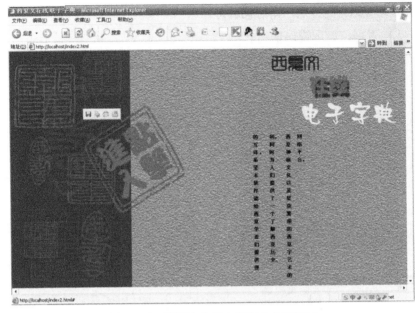

图4-14　西夏文在线电子字典主页页面

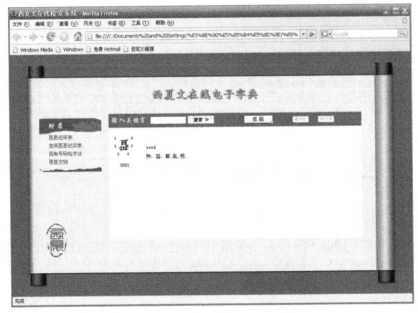

图4-15　西夏文在线电子字典查询页面

2. True Type 字体转为图片的实现

简单来说，字体图片的生成原理是将文字的位图信息从字体文件中读写出来，控制写入位置、大小、颜色等参数，再写入目标图像文件中的过程。

能够实现字体图片生成功能的组件有很多，其中，比较优秀的有 AspJpeg 和 XY.Watermark。AspJpeg 是一款功能强大的基于 Microsoft IIS 环境的图片处理组件，它可以通过很少的代码在 ASP 应用程序上动态地创建高质量的缩略图像，完成生成缩略图片、生成水印图片、图片合并、图片切割、数据库支持及安全码技术的功能。其支持的图像格式有 JPEG、GIF、BMP、TIFF、PNG。XY.Watermark 组件是一款 IIS 使用的增强 COM 组件。主要用于对 BMP、JPEG 图片生成文字或图片水印，同时具有缩略图功能。

本系统中使用 XY.Watermark 组件完成西夏文字体图片的在线生成功能。其中用到了以下函数控制组件，现对此进行简单的介绍。

- Open（FileName）用于打开图片。

参数：FileName 为图片在服务器上的绝对路径。

- Close（ ）关闭当前操作的图片，释放资源。
- Save（ ）保存当前图片到原文件（也就是替换原图片）。
- SaveAs（FileName）另存图片。

参数：FileName 为图片在服务器上的绝对路径。

- Reload（ ）重新打开图片。
- SetFont（Name，Size，Color）设置文字属性。

参数：Name 为字体名称；Size 为字号；Color 为文字颜色。

- SetText（Text，X，Y，isTrans）设置文字水印。

参数：Text 为文字内容；X 为横坐标；Y 为纵坐标；isTrans 为 0 时表示背景不透明，为 1 时背景透明。

- SetWatermark（FileName，X，Y，isTrans）设置图片水印。

参数：FileName 为水印图片在服务器上的真实路径；X 为横坐标；Y 为纵坐标；isTrans 为 0 时表示不透明，为 1 时以 TransColor 设置的颜色透明。

- BKColor 设置或取得文字背景颜色。

- TransColor 设置或取得透明颜色。
- Resize（Width，Height）修改图片宽度为 Width，高度为 Height。

3. 字体图片实现过程

定义写入函数 xy（input，i，font，x，y，fontsize，opentime）。其中，input 表示用户输入的西夏文字；i 表示目标图片名称；font 表示字体；x，y 表示写入的坐标；fontsize 表示字的大小；opentime 表示图片打开的次数。生成一幅完整的字体图片分为七个阶段，每个阶段调用一次 xy 函数。具体实现过程如下：

（1）在图片左上角画出对应西夏文字的六位的四角号码中的第一位。如图 4-16 所示。

图 4-16　左上角写入第一位 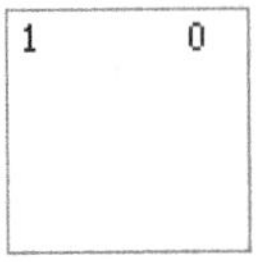　　　　图 4-17　右上角写入第二位

实现代码如下：

<% call xy(Cstr(a(0)), array1, "宋体", 3, 1, 8, 1) %>

（2）在图片右上角画出对应西夏文字的六位的四角号码中的第二位，如图 4-17 所示。

实现代码如下：

<% call xy(Cstr(a(1)), array1, "宋体", 45, 1, 8, 0) %>

（3）按照上面方法依次写入六位号码，最后在图片中央写出对应的西夏文字，如图 4-18 所示。

图 4-18　写入西夏文字

实现代码如下：

<% call xy(rs("xxfont") , array1, font, 14, 10, 20, i) %>

4. 字典数据库的建立

建立数据库前，获得的几张西夏文字对应关系表是以 txt 格式存储的。在建库时对文件进行仔细校对和重新排版。图 4 – 19 是整理前的 CH_XXZ 表内容，图 4 – 20 是整理后的 XXZ_tra 表内容。

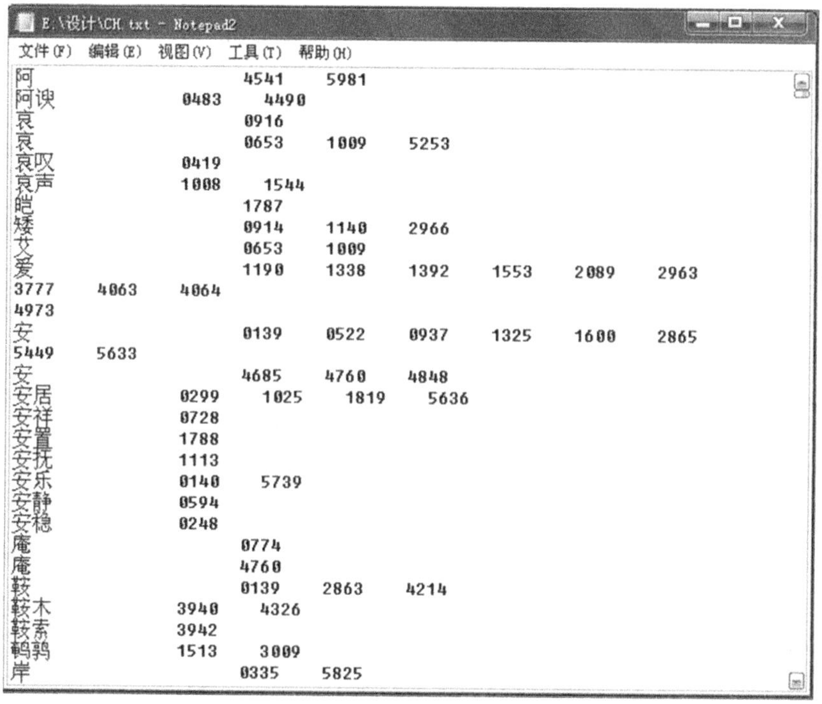
E:\设计\CH.txt - Notepad2
文件(F) 编辑(E) 视图(V) 工具(T) 帮助(H)
阿 4541 5981
阿谀 0483 4490
哀 0916
哀 0653 1009 5253
哀叹 0419
哀声 1008 1544
皑 1787
矮 0914 1140 2966
艾 0653 1009
爱 1190 1338 1392 1553 2089 2963
3777 4063 4064
4973
安 0139 0522 0937 1325 1600 2865
5449 5633
安 4685 4760 4848
安居 0299 1025 1819 5636
安祥 0728
安置 1788
安抚 1113
安乐 0140 5739
安静 0594
安稳 0248
庵 0774
庵 4760
鞍 0139 2863 4214
鞍木 3940 4326
鞍索 3942
鹌鹑 1513 3009
岸 0335 5825

图 4 – 19 整理前的 CH_XXZ 表内容

图 4-20　整理后的 XXZ_tra 表内容

利用 SQL Server 的导入数据功能，将 txt 格式的数据导入数据库中，从而创建相应的表信息。具体步骤如下。

（1）打开 SQL Server 的企业管理器，建立新数据库后，点击鼠标右键，选择"所有任务"中的"导入数据"，如图 4-21 所示。

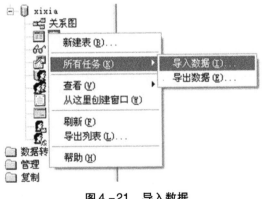

图 4-21　导入数据

（2）在打开的对话框中点击"下一步"，进入如图 4-22 所示的对话框，选择数据源中的文本文件。

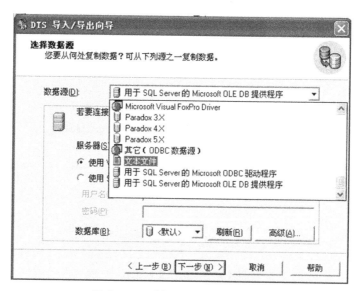

图 4-22　选择数据源为文本文件

（3）点击"下一步"，选择文件存放位置，如图 4-23 所示。

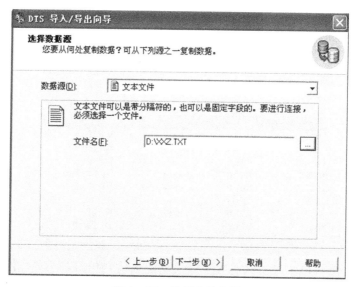

图 4-23　选择文件位置

(4) 点击"下一步",选择文件格式,如图4-24所示。

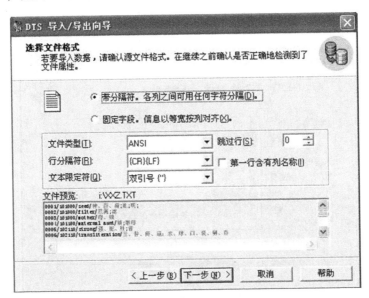

图4-24　选择文件格式

(5) 点击"下一步",指定列分隔符。本表使用"/"为分隔符,如图4-25所示。

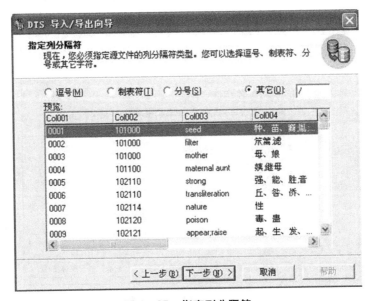

图4-25　指定列分隔符

(6) 选择目的及身份验证方式并点击"下一步",如图 4-26 所示。

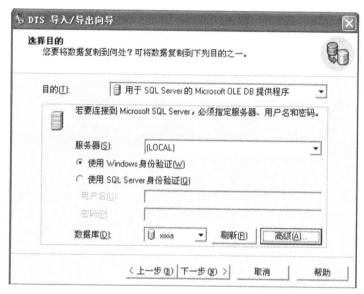

图 4-26　选择目的及身份验证方式

(7) 选择"立即运行"并点击"下一步"。如图 4-27 所示。

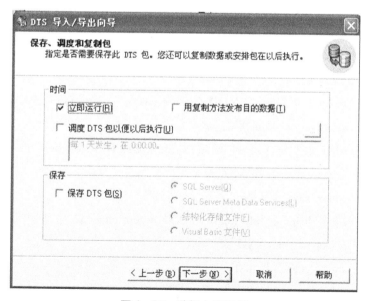

图 4-27　选择立即运行

经过以上七个步骤，将 txt 文件成功导入数据库，如图 4-28 所示。此时再适当调整建立好的数据表，如删除多余的属性及创建主码等。在整理多余属性时可使用以下几条 SQL 语句，以实现对 CH_XXZ、EN_XXZ、XXZ_tra 及 XXZ_zx 的优化。

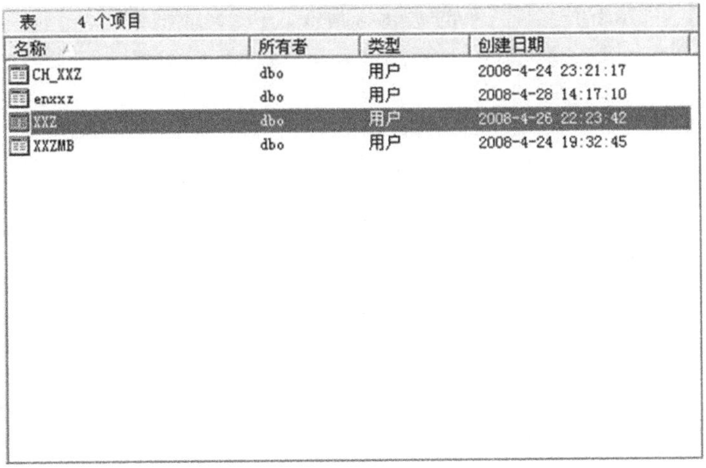

图 4-28 导入成功

update EN_XXZ set col002 = col003 where col002 is null and col003 is not null

select ＊ from EN_XXZ where col003 is null and col003 is not null

select ＊ from EN_XXZ where col002 is null and col003 = ″

select xxfont from XXZ_zx

where xxid in (select ltrim(xx_id) from CH_XXZ where ch = ′哀′)

select xxfont from XXZ_zx

where xxid = ′5253′

select ltrim(xx_id) from CH_XXZ where ch = ′哀′

select ＊ from XXZ_zx

where col002 is null

select ＊ from XXZ_zx

where col002 = ′5578′

update XXZ_zx set col001 = ′睇′ where col002 = ′5578′

update XXZ_zx set col002 = col003, col003 = col004 where col002 is null

为了满足系统需要，设计人员共建立了四个数据表，它们分别是汉字与西夏文字的对应关系表（CH_XXZ）、英文与西夏文的对应关系表（EN_XXZ）、西夏文字的信息表（XXZ_zx）和西夏文字的翻译解释表（XXZ_tra）。下面是各个数据表的结构以及相关说明。

5．建立数据表

（1）创建西夏文字与汉字的对应关系表 CH_XXZ，用于实现从中文到西夏文的检索功能（如图 4-29 所示）。

列名	数据类型	长度	允许空
ch	varchar	8000	√
xx_id	varchar	8000	√
ch_id	bigint	8	

图 4-29 对应关系表 CH_HHZ 示例图

在图 4-29 中，字段 ch 表示汉字，字段 xx_id 表示对应的西夏文字的四位顺序号编码，字段 ch_id 表示 CH_XXZ 表的主键。

（2）创建英文与西夏文的对应关系表 EN_XXZ，用于实现英文对西夏文的检索功能（如图 4-30 所示）。

english	varchar	8000	√
xxid	varchar	8000	√
id	bigint	8	

图 4-30 对应关系表 EN_HHZ 示例图

在图 4-30 中，字段 id 是主键，字段 english 是英文关键字，字段 xxid 表示对应的西夏文字的四位顺序号编码。

（3）创建西夏文字的信息表 XXZ_zx，用于存储西夏文字的字体信息，以及相对应的四位西夏文顺序号编码以及六位四角号码编码（如图 4-31 所示）。

在图 4-31 中，字段 xxid 是主键，表示四位西夏文顺序号编码，字段 xxfont 用于存放西夏文字的字体信息，字段 xxcode 用于存放六位四角号码编码。

列名	数据类型	长度	允许空
xxfont	varchar	8000	√
xxid	varchar	900	
xxcode	varchar	8000	√

图 4-31　对应关系表 XXZ_zx 示例图

（4）创建西夏文字的翻译解释表 XXZ_tra，可以存储西夏文字的中文释义和英文释义（如图 4-32 所示）。

列名	数据类型	长度	允许空
id	varchar	900	
xxz_code	varchar	8000	√
eng_translate	varchar	8000	√
ch_translate	varchar	8000	√

图 4-32　对应关系表 XXZ_tra 示例图

在图 4-32 中，字段 id 是主键，表示四位西夏文顺序号编号，字段 xxz_code 表示西夏文字的六位编码，字段 eng_translate 用于存放英文释义，ch_translate 用于存放中文释义。

6. 创建在线检索功能

Sub_search. asp 页面可以实现具体的检索功能。合法的字符串可以是以下字符：汉字、英文、四位西夏文顺序号编码或六位四角号码编码。这个过程用到了 VBScript 中的一些函数，如 isnumeric（　）判断输入的信息是否为数字，以及 asc（　）把对应的字符转换为 ASCII 码，mid（　）取出字符串中的每一个字符等。

（1）实现西夏文四位顺序号对西夏文的检索功能。

用 isnumeric（　）函数判断字符形式是否为数字，取得输入数字的长度，倘若小于等于 4，则表明输入的是西夏文顺序号。并将小于 4 位的顺序号在其前面补 0，以方便检索。例如，"1" 补 0 后得 "0001"。

实现代码如下：

```
<%
select case len(key)
case 4
```

```
        key = key
    case 3
        key = "0"&key
        case 2
        key = "00"&key
    case 1
        key = "000"&key
            end select
    % >
```

因为西夏文四位顺序号编码与西夏文字是一一对应关系，所以通过与XXZ_zx 中 xxid 字段作比对，可以得到相应的西夏文字信息。之后完成西夏文字体的判断和写入图片的功能。

主要代码如下：

```
//根据西夏文编号找到相应西夏文字及相关信息
    set rs1 = conn. execute( " select xxfont, xxcode, xxid from XXZ _ zx
where xxid = '"&key&"'")
    set rs2 = conn. execute( "select eng_translate, ch_translate from XXZ_
tra where id = '"&key&"'")
    if not rs1. eof then
//根据西夏文编号判断西夏文字体
    arr = key
    if Cint( arr) < = 1880 then
    font = "宋体"
    end if
    if ( int( arr) >1880 and int( arr) < =1880 * 2) then
    font = "黑体"
    end if
    if ( int( arr) >1880 * 2 and int( arr) < =1880 * 3) then
    font = "幼圆"
    end if
```

if (int(arr) > 1880 * 3 and int(arr) < = 1880 * 4) then
font = "仿宋_GB2312"
end if

for j = 1 to len(trim(rs1("xxcode")))
a(j - 1) = mid(trim(rs1("xxcode")), j, 1)
next
//向图片写入西夏文及其四角号码
call xy(Cstr(a(0)), key, "宋体", 3, 1, 8, 1)
call xy(Cstr(a(1)), key, "宋体", 45, 1, 8, 0)
call xy(Cstr(a(2)), key, "宋体", 3, 20, 8, 0)
call xy(Cstr(a(3)), key, "宋体", 45, 20, 8, 0)
call xy(Cstr(a(4)), key, "宋体", 10, 40, 8, 0)
call xy(Cstr(a(5)), key, "宋体", 35, 40, 8, 0)
call xy(rs1("xxfont"), key, font, 14, 10, 20, i)
% >

具体实现效果如图 4 - 33 所示。

图 4 - 33 通过顺序号查找西夏文字

当输入的数字是六位的时候,系统判定其是西夏文六位四角号码。西夏文字与其六位四角号码是一对多的关系,也就是说,部分四角号码对应多个不同的西夏文字,这时可以使用循环查找筛选所有符合条件的信息。代码与顺序号检索代码类似,此处不再列举。实现效果如图4-34所示。

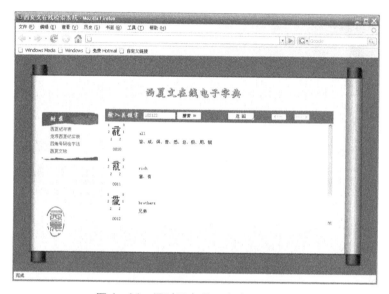

图4-34　通过四角号码查询西夏文字

(2) 实现通过英文检索西夏文的功能。

判断输入字符串是否为英文,是通过对每个字符的ASCII码进行判断得出的。范围在65～90或者97～122之间的就断定为英文,考虑到英文中有所有格等特殊性,将单引号" ' "归入英文的范围,其ASCII码是39。同时,去除字符中的空格,并全部统一转换为小写。可以达到将英文短语转化成连续字符串的目的,方便数据查找。字符整理代码如下:

　　　＜%　xiaoxie = replace(lcase(key)," ","") %＞

考虑到英语与西夏文字不是一一对应关系,部分英语对应多个西夏文字,因而需要对数据库表中的数据进行处理。利用split( )函数,将多个西夏文字的四位编码拆分出来。再由拆分出来的四位编码分别查询其西夏字形。实现代码如下:

　　　＜%　array1 = split(trim(rs1("xxid"))," ") %＞

最终达到如图 4-35 所示的效果。

图 4-35　通过英语查询西夏文字

(3) 实现中文对西夏文的检索。

中文对西夏文的检索是通过查找表 CH_XXZ 找到相应的西夏文四位顺序号编码,从而得到西夏文字的信息。实现效果如图 4-36 所示。

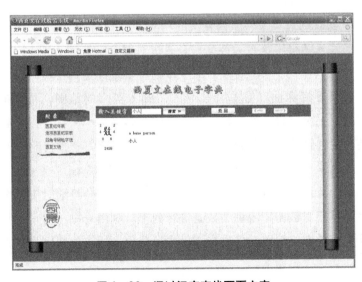

图 4-36　通过汉字查找西夏文字

（4）实现西夏文对西夏文的检索。

区分中文、英文和数字形式的关键码方式是通过对其 ASCII 码值的范围进行判断。由于不知道西夏文 ASCII 码值的范围，故需将中文和西夏文归入一类进行检索。首先将字符假想成汉字与 CH_XXZ 表中的 ch 字段进行比对，若匹配，则结束查找，否则继续与 XXZ_zx 表中 xxfont 字段进行比对。此类数据分为三类：第一类是输入的关键字属于 CH_XXZ 表 ch 字段中存在的中文。此时搜索实行过程直接与 ch 字段比对，得到相应信息后结束搜索。第二类是输入的关键字不属于 CH_XXZ 表 ch 字段的汉字或其他非法字符。此时搜索实行过程先与 CH_XXZ 表 ch 字段比对，若无匹配，再与 XXZ_zx 表 xxfont 字段进行比对，若无匹配，则得出无对应项的结论。第三类是输入的关键字是西夏文。此时搜索实行过程先与 CH_XXZ 表 ch 字段比对，若无匹配，再与 XXZ_zx 表 xxfont 字段进行比对，若匹配成功，则得出相应信息。效果如图 4-37 所示。

图 4-37　通过西夏文查找西夏文

三、组字程序

根据西夏文字的不同结构将其分解，当分解成不能再分的子结构时，称这种子结构为部件。但在分解过程中也必须遵循西夏文字形的特点，其笔画和字形的风格也须统一，以便于使用部件拼接而成的西夏文字可以达到理想的效果。目前，已分解的部件大概有 520 个。其次，运用组字程序将上述得到的部件拼接成西夏文字，然后直接得到西夏文字二值化图片。

西夏文字"形体方整，类八分，而书颇重复"，是独立于汉字之外的一种全新的方块文字，初看与汉字相似，因为它是模仿汉字的构字方法、借用汉字的基本笔画而重新创制的。西夏文字字形由笔画、偏旁、部首和单字三级组成，它的基本笔画也有与汉字相同的点、横、竖、撇、捺、左拐、右提，但没有汉字常见的竖钩，对撇、捺等斜笔运用较多。其笔画比简体汉字要多，类似于繁体汉字，平均笔画在 14 画以上。在图像结构上，西夏文字在平面上占有的位置的明显特点是方块形，它类似于汉字，是一种板块结构。也就是说，它是某些笔画相交、相连或在位置上靠近并含有一定意义，这种笔画集合组成了西夏文字。研究者可用以使结合方块汉字字形构造的方法去分析西夏文字构造的特点。

由于古籍文献中存在不同程度的噪点，截取的文献图像必须进行平滑处理。（如图 4-38 所示）

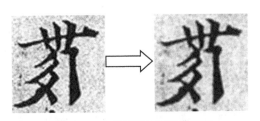

图 4-38　原始图像的平滑处理

噪点像素的灰度与它们邻近像素有显著的不同，根据噪点的这一空间特性，可以选用邻域平均法消除噪点。设 $f(i,j)$ 为给定的含有噪点的图像，经过简单邻域平均处理后为 $g(i,j)$，在数学上可表现为：

$$g(i, j) = \Sigma f(i, j) / M \quad \text{其中} (i, j) \in S$$

式中 S 是所取邻域中各邻近像素的坐标，M 是邻域中包含的邻近像素的个数。在 $f(i, j)$ 中按行（或列）对每个像素选取一定尺寸的邻域，并用邻域中邻近像素的平均灰度来置换这一像素值，对全部像素处理后可获得 $g(x, y)$。实现中采用 3×3 屏蔽窗口的 8 近邻均值进行滤波。

阈值分割法是一种基于区域的图像分割技术，其基本原理是：通过设定不同的特征阈值，把图像像素点分为若干类。常用的特征包括：直接来自原始图像的灰度或彩色特征；由原始灰度或彩色值变换得到的特征。设原始图像为 $f(x, y)$，按照一定的准则，在 $f(x, y)$ 中找到特征值 T，将图像分割为两个部分。即对于图像像素点，大于阈值则认为其是目标；小于阈值则认为其是背景，从而可以生成部件的二值化图片。

通过阈值分割得到二值化图片，之后再清除非目标部首的部分，就完成了一个西夏古籍文字部件的雏形（如图 4-39 所示）。

图 4-39 阈值分割的二值图片

经过图像处理得到的二值化图片在字形上还存在一系列问题，比如粗细、位置和角度等都有待调整，这些问题解决后可利用部件拼接成风格统一的西夏文字。使用造字软件可以调整轮廓的点、线、角度以及位置和大小，这在字形复杂、风格差异大的西夏字库制作中显得非常重要，可以大幅度提高人工修饰的效率。同时，还可以方便地实现字形的修边、平移、复制、缩放、翻转、增删等基本功能，可以有效地索引到每一个已修正好的部件，用以造出与西夏古籍文献风格特点完全一致的部件。

西夏文的组字程序使用 Delphi 编写，所使用的数据库是 Delphi 自带的 DataBase Desktop，主要用来拼接西夏文部首的二值化图片，以生成西夏文字体。

主要功能为使用此组字程序，可以根据西夏文部首的四角号码表，使用对应的四角号码准确、快速地搜索和调用西夏文部首的二值图片；对二值图片的平移，以及对二值图片的不失真缩放；以现有字库中的西夏文字为背景，对照拼接。拼接成功某个西夏文字以后，记录其每个部件的位置以及缩放的大小，将其存为该西夏文字的信息。同时可以直接生成西夏文字的二值图片，将其保存到本地磁盘，以备后续使用。组字程序菜单和工作窗体如图4-40、图4-41所示。

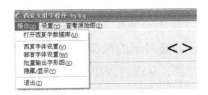

图4-40　组字程序菜单

图4-41　组字程序工作窗口

结　语

本书分四个章节对西夏文献数字化进行了初步研究。回顾国内外西夏文及西夏文文献数字化研究现状，不难发现西夏文文献数字化是21世纪西夏学中一个亟待研究的领域。要想对西夏文献进行数字化处理，首先需要对西夏文字进行数字化处理，即建立西夏文字库及编码，这个过程通常需要多年的研究积累。而西夏文字库建立的难点在于如何准确地建立每一个西夏文字的字形及其原始形态。字形的修正也是难点，修正过度则无法准确反映西夏文特性，但若完全按照西夏文文献中的原始字形修正又无法满足现代印刷出版精细化的要求。因此，西夏文字形修正的程度需要研究西夏文字的学者专家来把握。在确定标准西夏古籍字库的基础上，可以进一步隶定楷化现代体的西夏文字库，作为专业书籍打印与出版之用。通过对比目前几种常用的西夏字库可以发现其间的差异（详见表5-1）。

表5-1　常用西夏文字体与原始图像对照表

今昔文字镜	西夏文字体	西夏古籍字体	原始图像

续表 5-1

今昔文字镜	西夏文字体	西夏古籍字体	原始图像

表 5-1 中列出了五个西夏字例用以说明，其中，每种字体中与原始文献不同的部分均被圈出。表中显示的不同字体在字形结构上出现的与原始字形之间的差异，表明不同字体的设计者对西夏文字的理解都有所不同。假定对照表中所选取的原始图像是西夏学界已认可的该西夏文字的原始标准体，既然已有这样一个认定标准，西夏字库的标准体应遵循经认定后的原始图像进行造字。本书的研究未涉及西夏文字造字的缘由，亦未对每一个西夏文字做源头探析，这是因为该项工作不是本书研究的重点，且该项工作仍然是西夏学学界的一个未解之谜。总之，对于西夏字库的建立，如能尽可能地贴近原始文献中西夏文字所具有的原始本质特征，则所造西夏字库应是较为准确的西夏字库。

顺利建立西夏字库后，后续工作便是机内编码的确定。确定字形之后，还需要确定这些西夏文字在计算机存储空间中的位置，也就是给每一个西夏文字分配地址。目前，国内外对这个问题都做了相关工作，也启动了一系列的工程项目。① 国际上的 Unicode 组织已经发布了西夏文统一码方案。

西夏文献数字化与文本化的另外一个重要的内容是西夏文计算机输入法的研究。当前，学界普遍将西夏文四角号码检字法作为西夏文计算机输入编码方法。四角号码检字法是借鉴汉字的四角号码检索法而来的，是一种基于字形的编码方式。由于西夏文四角号码编码的重码率很高，需要对

---

① 中华大字库项目是由国家出资中国出版集团公司牵头，目标是将中华文化中出现的所有文字符号（包括少数民族文字）制作为统一的字库。该字库预计容量为 50 万个字符。

输入法进行字频统计，并利用统计的结果设计一套计算机输入法的智能调频算法，从而使得用户输入西夏文字时可以迅速找到需要的常用字符。而这个字频统计又与西夏文献数字化和数据库相关联。通过建立西夏文字料库，并利用计算机程序对字料库进行统计便可得到类似汉字的西夏文字常用字及次常用字表，该表可为西夏文输入法的调频选字提供基础数据。这些工作就好比一条链子，环环相扣。

由于西夏文自身的特殊性，西夏文文献数字化没有现成的、可借鉴的方法和经验，整个数字化过程都是在不断摸索中前进的。西夏文文献数字化过程需要借助计算机技术和手段进行原始图像、照片等的处理，这个处理过程也称之为文本化过程。汉字的文本化过程有现成的、成熟的 OCR 识别软件及工业化的扫描设备。而西夏文本身的计算机自动识别技术还未成熟，同时西夏文文献的书写风格也不尽相同。佛经等宗教文献基本为刻本文献，处理起来相对容易，而大部分世俗文献为西夏时期人工手写的草书，计算机识别异常困难，因此西夏文文献的数字化处理需要人工与计算机相结合。在有些情况下，传统的查码录入方法不失为一种较好的文本化方法。研究人员在数字化过程中改进了传统的由手工查码标注纸质文献的做法，通过计算机程序开发出查码录入的用户界面，并结合西夏文计算机输入法，大大提高了查码录入效率。同时，查到的西夏文字也可以直接被存入数据库，并在数据库中形成字与图像的对应关系。这有利于今后的校对与勘误工作。整个文本化过程的最终结果是形成一个庞大的西夏文文献数据资料库，对这个数据资料库进行整合就可形成最终的西夏文文献总库。

西夏文文献数字化研究对我国其他民族古文字及文献，如契丹文、女真文等的研究具有借鉴和推广意义。结合网络平台，对西夏文及西夏文文献的处理可使中外西夏学学者能够更方便地进行学术交流和研究活动；通过整合西夏数字化资源搭建网络下的西夏研究平台，可以实现西夏文及西夏文古籍文献的数字化保存及资源共享与利用。作为中国历史文化的重要组成部分，网络下的西夏文及西夏文文献将会对中国乃至世界产生更深远的影响，其信息更新快捷的特点对研究和想要了解西夏历史的人们而言是强有力的工具。网络下的西夏文及西夏文文献处理研究将成为西夏研究与推广的新道路。

参考文献

一、古籍文献

[1] 骨勒茂才. 番汉合时掌中珠 [M]. 黄振华，聂鸿音，史金波，整理. 银川：宁夏人民出版社，1989.

[2] 骨勒茂才. 番汉合时掌中珠（甲种本）[A] //史金波，克恰诺夫. 俄藏黑水城文献（10）[C]. 上海：上海古籍出版社，1999：1 – 19.

[3] 骨勒茂才. 番汉合时掌中珠（乙种本）[A] //史金波，克恰诺夫. 俄藏黑水城文献（10）[C]. 上海：上海古籍出版社，1999：20 – 36.

[4] 梁德养校勘. 同音（丙种本）[A] //史金波，克恰诺夫. 俄藏黑水城文献（7）[C]. 上海：上海古籍出版社，1997：55 – 57.

[5] 梁德养校勘. 同音（丁种本）[A] //史金波，克恰诺夫. 俄藏黑水城文献（7）[C]. 上海：上海古籍出版社，1997：58 – 121.

[6] 梁德养校勘. 同音（甲种本）[A] //史金波，克恰诺夫. 俄藏黑水城文献（7）[C]. 上海：上海古籍出版社，1997：1 – 28.

[7] 梁德养校勘. 同音（乙种本）[A] //史金波，克恰诺夫. 俄藏黑水城文献（7）[C]. 上海：上海古籍出版社，1997：29 – 55.

[8] 佚名. 三才杂字（丙种本）[A] //史金波，克恰诺夫. 俄藏黑水城文献（10）[C]. 上海：上海古籍出版社，1999：53 – 58.

[9] 佚名. 三才杂字（丁种本）[A] //史金波，克恰诺夫. 俄藏黑水城文献（10）[C]. 上海：上海古籍出版社，1999：59 – 65.

[10] 佚名. 三才杂字（甲种本）[A] //史金波，克恰诺夫. 俄藏黑水城文献（10）[C]. 上海：上海古籍出版社，1999：39 – 44.

[11] 佚名. 三才杂字（乙种本）[A] //史金波，克恰诺夫. 俄藏黑水城

文献（10）[C]. 上海：上海古籍出版社，1999：44-52.

[12] 佚名. 纂要[A]//史金波，克恰诺夫. 俄藏黑水城文献（10）[C]. 上海：上海古籍出版社，1999：38-39.

[13] 俄罗斯科学院东方研究所圣彼得堡分所，俄罗斯科学出版社东方文学部，上海古籍出版社，编，孟列夫（俄），钱伯城（中），主编. 俄藏敦煌文献[M]. 上海：上海古籍出版社，1993.

[14] 俄罗斯科学院东方文献研究所，中国社会科学院民族学与人类学研究所，上海古籍出版社，编，史金波（中），魏同贤（中），Е. И. 克恰诺夫（俄），主编. 俄藏黑水城文献[M]. 上海：上海古籍出版社，1997.

[15] 内蒙古考古研究所，宁夏大学西夏学研究中心，甘肃省古籍文献整理编译中心，编，塔拉，杜建录，高国祥，主编. 中国藏黑水城汉文文献[M]. 北京：国家图书馆出版社，2008.

[16] 宁夏大学西夏学研究中心，国家图书馆，甘肃五凉古籍整理研究中心，等. 中国藏西夏文献[M]. 兰州：甘肃人民出版社，敦煌文艺出版社，2005.

[17] 西北第二民族学院，上海古籍出版社，英国国家图书馆，编，谢玉杰，吴芳思，主编. 英藏黑水城文献[M]. 上海：上海古籍出版社，2005.

二、学术著作

[1] 陈育宁，汤晓芳. 西夏艺术史[M]. 上海：上海三联书店，2010.

[2] 杜建录，史金波. 西夏社会文书研究[M]. 上海：上海古籍出版社，2010.

[3] 杜建录. 中国藏西夏文献概论：《西夏学》第二辑[M]. 银川：宁夏人民出版社，2006.

[4] 杜建录. 《中国藏西夏文献》碑刻题记卷[M]. 兰州：敦煌文艺出版社，2005.

[5] 杜建录. 二十世纪西夏学[M]. 银川：宁夏人民出版社，2004.

[6] 杜建录. 首届西夏学国际论坛专号（下）：《西夏学》第六辑［M］. 上海：上海古籍出版社，2010.

[7] 高更生. 现行汉字规范问题［M］. 北京：商务印书馆，2002.

[8] 龚煌城. 西夏语文研究论文集［M］. 台北：台湾中央研究院语言学研究所筹备处，2002.

[9] 韩小忙. 《同音文海宝韵》合编整理与研究［M］. 北京：中国社会科学出版社，2008.

[10] 胡玉冰. 传统典籍中的汉文西夏文献研究［M］. 北京：中国社会科学出版社，2007.

[11] 景永时，贾常业. 基于方正典码之上的西夏文录入系统使用手册［M］. 香港：香港社会科学出版社，2005.

[12] 李范文，中岛干起.《电脑处理西夏文〈杂字〉研究》［M］. 东京：亚非语言文化研究所，1997.

[13] 李范文. 夏汉字典［M］. 北京：中国社会科学出版社，2008.

[14] 李尉. 简明西夏史［M］. 北京：人民出版社，1997.

[15] 马希荣. 西夏文字数字化方法及其应用［M］. 兰州：甘肃文化出版社，2002.

[16] 马希荣. 夏汉字处理及电子字典［M］. 北京：清华大学出版社，1999.

[17] 王珊，萨师煊. 数据库系统概论［M］. 北京：高等教育出版社，2006.

[18] 西田龙雄. 西夏语の研究［M］. 东京：座右宝刊行会，1964.

三、学术论文

[1] 包和平，王学艳. 国外对中国少数民族文献的收藏与研究概述［J］. 情报杂志，2002（6）：72-76.

[2] 才让加. 藏语语料库词语分类体系及标记集研究［J］. 中文信息学报，2009，23（4）：107-112.

[3] 导夫. 基于方正书版（FounderBookMaker9.X/10.X）的西夏文字处

理技术研究［J］．宁夏大学学报（人文社会科学版），2005，27（2）：89-94．

［4］杜建录．西夏《天盛律令》的历史文献价值［J］．西北民族研究，2005，44（1）：25-29．

［5］葛彦强，汪向征，杨彤．基于贝叶斯网络的甲骨文辅助考释专家系统语料库的构建［J］．计算机应用与软件，2011，28（11）：125-127．

［6］郭宝兰等．古籍文本自动录入系统［C］//中国古籍整理研究出版现代化国际会议论文集．北京：中国中文信息学会，1995：103-108．

［7］韩小忙．西夏文中的异体字和讹体字［J］．民族语文，2005（4）：58-62．

［8］郝继东，田泉．古籍整理与研究现代化漫谈［J］．古籍整理研究学刊，2002，5（9）：94-96．

［9］江荻，严海林，孙伯君，等．《元朝秘史》电子文本检索系统的研制［J］．中文信息学报，2006，20（3）：36-42．

［10］江铭虎，邓北星，廖盼盼，等．甲骨文字库与智能知识库的建立［J］．计算机工程与应用，2004（4）：45-47．

［11］李国英，周晓文．字料库建设的必要性与可行性［J］．北京师范大学学报（社会科学版），2009（5）：48-53．

［12］李晶．基于数据库技术的汉字处理方法研究［J］．云南大学学报（自然科学版），2007，29（S2）：283-285．

［13］李培峰，朱巧明，钱培德．多文种环境下汉字内码识别算法的研究［J］．中文信息学报，2004，18（2）：73-79．

［14］李新福，郭宝兰．古籍资料库的自动超文本标引［J］．情报学报，1999，（3）：250-254．

［15］柳长青，马希荣．西夏字与汉字共存方案的实现［J］．宁夏大学学报（自然科学版），2001，22（1）：45-47．

［16］柳长青．变长记录词库结构在"夏汉电子字典"中的应用［J］．固原师专学报，2001，22（6）：29-32．

［17］柳长青．基于IMM的汉字检索技术的应用［J］．宁夏大学学报（自然科学版），2001，22（3）：308-309．

［18］柳长青. 基于 Level Set 方法的人脸轮廓提取［J］. 计算机工程与设计, 2008, 29 (12)：3179 – 3181.

［19］马希荣, 王行愚. 西夏文字特征提取的研究［J］. 计算机工程与应用, 2002 (13)：38 – 41.

［20］王静帆, 邬晓钧, 夏云庆, 等. 中文信息检索系统的模糊匹配算法研究和实现［J］. 中文信息学报, 2007, 21 (6)：59 – 64.

［21］扎西加, 珠杰. 面向信息处理的藏文分词规范研究［J］. 中文信息学报, 2009, 23 (4)：113 – 117.

［22］张瑞霞, 朱贵良, 杨国增. 基于知识图的汉语词汇语义相似度计算［J］. 中文信息学报, 2009, 23 (3)：116 – 120.

［23］祝敬国. 古籍语料库字体与结构研究［J］. 文物保护与考古科学, 1995, 7 (1)：40 – 43.

附录一 西夏古籍字表

编号	字	编码	编号	字	编码	编号	字	编码
0001	聂	101000	0025	覜	102140	0049	祾	102422
0002	蒽	101000	0026	耺	102150	0050	禳	102422
0003	蛊	101000	0027	祄	102222	0051	薇	102422
0004	蛊	101100	0028	祢	102222	0052	廄	102440
0005	亮	102110	0029	祘	102222	0053	蘿	102442
0006	毳	102110	0030	贩	102224	0054	萪	102444
0007	蘵	102114	0031	而	102224	0055	藤	102444
0008	祁	102120	0032	祓	102224	0056	戚	102450
0009	祔	102121	0033	藏	102224	0057	取	102450
0010	祏	102122	0034	藐	102224	0058	蔵	102450
0011	荒	102122	0035	儒	102225	0059	菁	102500
0012	薇	102122	0036	夏	102240	0060	蒲	102525
0013	祓	102122	0037	市	102240	0061	夋	104000
0014	襛	102122	0038	圆	102242	0062	夒	104000
0015	蘹	102124	0039	爾	102244	0063	夒	104000
0016	慷	210124	0040	萌	102250	0064	㚒	104000
0017	祕	102124	0041	藤	102250	0065	死	104100
0018	蕺	102124	0042	扁	102252	0066	死	104100
0019	藐	102124	0043	冊	102252	0067	死	104100
0020	蔵	102124	0044	扁	102252	0068	死	104100
0021	祢	102124	0045	長	102400	0069	死	104100
0022	藏	102124	0046	戚	102420	0070	死	104100
0023	藜	102124	0047	薜	102420	0071	死	104100
0024	蕊	102124	0048	酸	102420	0072	龘	104100

0073	蘻	104100	0104	稝	104220	0135	蘻	104550
0074	禿	104110	0105	蒳	104220	0136	蘻	104550
0075	萈	104110	0106	蔟	104224	0137	蘻	104575
0076	蓊	104120	0107	菥	104228	0138	蘢	105120
0077	蘵	104121	0108	蔆	104240	0139	蘿	105122
0078	蘨	104121	0109	蔆	104240	0140	蔽	105220
0079	蘳	104121	0110	蒭	104240	0141	羖	105400
0080	秇	104122	0111	稝	104240	0142	蔽	105420
0081	蒢	104122	0112	蘻	104244	0143	秔	107144
0082	秾	104122	0113	蒳	104248	0144	蔽	107240
0083	蘿	104122	0114	蒳	104250	0145	莶	107440
0084	秜	104124	0115	蒳	104280	0146	蘿	107450
0085	蘧	104124	0116	灰	104400	0147	莆	107241
0086	蘻	104124	0117	羖	104400	0148	雑	107542
0087	秕	104140	0118	灰	104400	0149	菠	108420
0088	秕	104140	0119	羖	104400	0150	帚	109000
0089	秕	104140	0120	羖	104400	0151	帚	109000
0090	羖	104140	0121	羖	104400	0152	蔆	109200
0091	秕	104140	0122	羖	104400	0153	菽	109400
0092	菇	104140	0123	菽	104420	0154	蘿	109500
0093	菇	104140	0124	菽	104420	0155	蟊	111000
0094	蘒	104141	0125	菽	104420	0156	甂	111120
0095	稜	104142	0126	羖	104420	0157	瓸	112117
0096	蘻	174142	0127	菽	104422	0158	竜	112120
0097	蘵	104144	0128	菽	104422	0159	竜	112120
0098	蘖	104144	0129	菽	104422	0160	瓶	112120
0099	蘲	104170	0130	菽	104422	0161	禠	112121
0100	刃	104200	0131	菽	104422	0162	祇	112122
0101	孖	104200	0132	蘒	104440	0163	祀	112122
0102	亍	104200	0133	蘞	104440	0164	祇	112122
0103	亲	104200	0134	蘻	104525	0165	祇	112122

0166	𱁰	112122	0197	𱁰	112218	0228	𱁰	112422
0167	𱁰	112122	0198	𱁰	112220	0229	𱁰	112424
0168	𱁰	112122	0199	𱁰	112220	0230	𱁰	112442
0169	𱁰	112122	0200	𱁰	112220	0231	𱁰	112442
0170	𱁰	112122	0201	𱁰	112222	0232	𱁰	112450
0171	𱁰	112122	0202	𱁰	112222	0233	𱁰	112452
0172	𱁰	112122	0203	𱁰	112222	0234	𱁰	112454
0173	𱁰	112124	0204	𱁰	112222	0235	𱁰	112522
0174	𱁰	112124	0205	𱁰	112222	0236	𱁰	112525
0175	𱁰	112124	0206	𱁰	112222	0237	𱁰	112545
0176	𱁰	112124	0207	𱁰	112224	0238	𱁰	112555
0177	𱁰	112124	0208	𱁰	112224	0239	𱁰	112920
0178	𱁰	112124	0209	𱁰	112224	0240	𱁰	114000
0179	𱁰	112124	0210	𱁰	112224	0241	𱁰	114000
0180	𱁰	112125	0211	𱁰	112228	0242	𱁰	114000
0181	𱁰	112125	0212	𱁰	112250	0243	𱁰	114100
0182	𱁰	112125	0213	𱁰	112250	0244	𱁰	114100
0183	𱁰	112125	0214	𱁰	112252	0245	𱁰	114100
0184	𱁰	112140	0215	𱁰	112252	0246	𱁰	114100
0185	𱁰	112140	0216	𱁰	112254	0247	𱁰	114100
0186	𱁰	112142	0217	𱁰	112414	0248	𱁰	114100
0187	𱁰	112150	0218	𱁰	112420	0249	𱁰	114100
0188	𱁰	112151	0219	𱁰	112420	0250	𱁰	114100
0189	𱁰	112151	0220	𱁰	112420	0251	𱁰	114100
0190	𱁰	112152	0221	𱁰	112420	0252	𱁰	114100
0191	𱁰	112152	0222	𱁰	112422	0253	𱁰	114100
0192	𱁰	112152	0223	𱁰	112422	0254	𱁰	114100
0193	𱁰	112152	0224	𱁰	112422	0255	𱁰	114114
0194	𱁰	112154	0225	𱁰	112422	0256	𱁰	114117
0195	𱁰	112154	0226	𱁰	112422	0257	𱁰	114120
0196	𱁰	112155	0227	𱁰	112422	0258	𱁰	114120

0259	𗧠	114120	0290	𗧡	114140	0321	𗧢	114220
0260	𗧣	114120	0291	𗧤	114140	0322	𗧥	114220
0261	𗧦	114120	0292	𗧧	114140	0323	𗧨	114220
0262	𗧩	114120	0293	𗧪	114140	0324	𗧫	114220
0263	𗧬	114120	0294	𗧭	114140	0325	𗧮	114221
0264	𗧯	114120	0295	𗧰	114140	0326	𗧱	114222
0265	𗧲	114120	0296	𗧳	114140	0327	𗧴	114222
0266	𗧵	114121	0297	𗧶	114140	0328	𗧷	114222
0267	𗧸	114121	0298	𗧹	114140	0329	𗧺	114222
0268	𗧻	114121	0299	𗧼	114140	0330	𗧽	114222
0269	𗧾	114122	0300	𗧿	114140	0331	𗨀	114222
0270	𗨁	114122	0301	𗨂	114140	0332	𗨃	114224
0271	𗨄	114122	0302	𗨅	114141	0333	𗨆	114224
0272	𗨇	114122	0303	𗨈	114141	0334	𗨉	114224
0273	𗨊	114122	0304	𗨋	114141	0335	𗨌	114224
0274	𗨍	114122	0305	𗨎	114142	0336	𗨏	114225
0275	𗨐	114122	0306	𗨑	114142	0337	𗨒	114225
0276	𗨓	114122	0307	𗨔	114142	0338	𗨕	114240
0277	𗨖	114122	0308	𗨗	114142	0339	𗨘	114240
0278	𗨙	114122	0309	𗨚	114144	0340	𗨛	114240
0279	𗨜	114122	0310	𗨝	114144	0341	𗨞	114240
0280	𗨟	114124	0311	𗨠	114150	0342	𗨡	114242
0281	𗨢	114124	0312	𗨣	114170	0343	𗨤	114242
0282	𗨥	114124	0313	𗨦	114174	0344	𗨧	114244
0283	𗨨	114124	0314	𗨩	114200	0345	𗨪	114320
0284	𗨫	114124	0315	𗨬	114200	0346	𗨭	114400
0285	𗨮	114125	0316	𗨯	114212	0347	𗨰	114400
0286	𗨱	114127	0317	𗨲	114212	0348	𗨳	114400
0287	𗨴	114127	0318	𗨵	114220	0349	𗨶	114400
0288	𗨷	114127	0319	𗨸	114220	0350	𗨹	114400
0289	𗨺	114140	0320	𗨻	114220	0351	𗨼	114400

0352	𫶌	114400	0383	𫶌	114545	0414	𫶌	115252
0353	𫶌	114400	0384	𫶌	114550	0415	𫶌	115259
0354	𫶌	114400	0385	𫶌	114550	0416	𫶌	115400
0355	𫶌	114400	0386	𫶌	114550	0417	𫶌	115420
0356	𫶌	114400	0387	𫶌	114550	0418	𫶌	115420
0357	𫶌	114420	0388	𫶌	115100	0419	𫶌	115442
0358	𫶌	114420	0389	𫶌	115100	0420	𫶌	115450
0359	𫶌	114420	0390	𫶌	115100	0421	𫶌	115450
0360	𫶌	114420	0391	𫶌	115100	0422	𫶌	115452
0361	𫶌	114420	0392	𫶌	115120	0423	𫶌	115555
0362	𫶌	114420	0393	𫶌	115121	0424	𫶌	115555
0363	𫶌	114420	0394	𫶌	115140	0425	𫶌	115555
0364	𫶌	114420	0395	𫶌	115140	0426	𫶌	117100
0365	𫶌	114422	0396	𫶌	115140	0427	𫶌	117100
0366	𫶌	114422	0397	𫶌	115140	0428	𫶌	117120
0367	𫶌	114422	0398	𫶌	115140	0429	𫶌	117120
0368	𫶌	114422	0399	𫶌	115140	0430	𫶌	117120
0369	𫶌	114422	0400	𫶌	115140	0431	𫶌	117120
0370	𫶌	114422	0401	𫶌	115140	0432	𫶌	117121
0371	𫶌	114424	0402	𫶌	115144	0433	𫶌	117122
0372	𫶌	114424	0403	𫶌	115150	0434	𫶌	117140
0373	𫶌	114424	0404	𫶌	115150	0435	𫶌	117140
0374	𫶌	114440	0405	𫶌	115150	0436	𫶌	117140
0375	𫶌	114440	0406	𫶌	115152	0437	𫶌	117140
0376	𫶌	114440	0407	𫶌	115152	0438	𫶌	117140
0377	𫶌	114442	0408	𫶌	115152	0439	𫶌	117140
0378	𫶌	114454	0409	𫶌	115152	0440	𫶌	117140
0379	𫶌	114500	0410	𫶌	115154	0441	𫶌	117141
0380	𫶌	114520	0411	𫶌	115224	0442	𫶌	117142
0381	𫶌	114522	0412	𫶌	115252	0443	𫶌	117145
0382	𫶌	114525	0413	𫶌	115252	0444	𫶌	117220

0445	㐹	117222	0476	㐹	121080	0507	㐹	122424
0446	㐹	117222	0477	㐹	121400	0508	㐹	122424
0447	㐹	117224	0478	㐹	122024	0509	㐹	122425
0448	㐹	117240	0479	㐹	122024	0510	㐹	122442
0449	㐹	117242	0480	㐹	122028	0511	㐹	122442
0450	㐹	117244	0481	㐹	122028	0512	㐹	122444
0451	㐹	117248	0482	㐹	122042	0513	㐹	122450
0452	㐹	117320	0483	㐹	122057	0514	㐹	122450
0453	㐹	117320	0484	㐹	122117	0515	㐹	122450
0454	㐹	117420	0485	㐹	122120	0516	㐹	122450
0455	㐹	117420	0486	㐹	122124	0517	㐹	122450
0456	㐹	117440	0487	㐹	122127	0518	㐹	122450
0457	㐹	117441	0488	㐹	122140	0519	㐹	122450
0458	㐹	117442	0489	㐹	122142	0520	㐹	122452
0459	㐹	117444	0490	㐹	122170	0521	㐹	122452
0460	㐹	117445	0491	㐹	122420	0522	㐹	122452
0461	㐹	117522	0492	㐹	122420	0523	㐹	122455
0462	㐹	117900	0493	㐹	122420	0524	㐹	122457
0463	㐹	119120	0494	㐹	122420	0525	㐹	122555
0464	㐹	119120	0495	㐹	122420	0526	㐹	124000
0465	㐹	119121	0496	㐹	122420	0527	㐹	124000
0466	㐹	119140	0497	㐹	122420	0528	㐹	124012
0467	㐹	119140	0498	㐹	122422	0529	㐹	124020
0468	㐹	119150	0499	㐹	122422	0530	㐹	124025
0469	㐹	119220	0500	㐹	122422	0531	㐹	124080
0470	㐹	119224	0501	㐹	122422	0532	㐹	124080
0471	㐹	119400	0502	㐹	122422	0533	㐹	124117
0472	㐹	119440	0503	㐹	122424	0534	㐹	114122
0473	㐹	119550	0504	㐹	122424	0535	㐹	124172
0474	㐹	119550	0505	㐹	122424	0536	㐹	124300
0475	㐹	121000	0506	㐹	122424	0537	㐹	124345

0538	𘍲	124345	0569	𘍳	124420	0600	𘍴	124444
0539	𘍵	124400	0570	𘍶	124420	0601	𘍷	124470
0540	𘍸	124400	0571	𘍹	124422	0602	𘍺	124472
0541	𘍻	124400	0572	𘍼	124422	0603	𘍽	124472
0542	𘍾	124400	0573	𘍿	124422	0604	𘎀	125000
0543	𘎁	124400	0574	𘎂	124422	0605	𘎃	125054
0544	𘎄	124400	0575	𘎅	124422	0606	𘎆	125054
0545	𘎇	124400	0576	𘎈	124422	0607	𘎉	125058
0546	𘎊	124400	0577	𘎋	124422	0608	𘎌	125127
0547	𘎍	124400	0578	𘎎	124422	0609	𘎏	125150
0548	𘎐	124400	0579	𘎑	124422	0610	𘎒	125154
0549	𘎓	124400	0580	𘎔	124422	0611	𘎕	125400
0550	𘎖	124400	0581	𘎗	124422	0612	𘎘	125420
0551	𘎙	124400	0582	𘎚	124422	0613	𘎛	125450
0552	𘎜	124400	0583	𘎝	124422	0614	𘎞	125450
0553	𘎟	124400	0584	𘎠	124424	0615	𘎡	125450
0554	𘎢	124400	0585	𘎣	124424	0616	𘎤	125452
0555	𘎥	124414	0586	𘎦	124440	0617	𘎧	125452
0556	𘎨	124414	0587	𘎩	124440	0618	𘎪	127048
0557	𘎫	124414	0588	𘎬	124440	0619	𘎭	127080
0558	𘎮	124420	0589	𘎯	124440	0620	𘎰	127100
0559	𘎱	124420	0590	𘎲	124440	0621	𘎳	127100
0560	𘎴	124420	0591	𘎵	124440	0622	𘎶	127100
0561	𘎷	124420	0592	𘎸	124440	0623	𘎹	127141
0562	𘎺	124420	0593	𘎻	124440	0624	𘎼	127147
0563	𘎽	124420	0594	𘎾	124440	0625	𘎿	127400
0564	𘏀	124420	0595	𘏁	124440	0626	𘏂	127420
0565	𘏃	124420	0596	𘏄	124440	0627	𘏅	127420
0566	𘏆	124420	0597	𘏇	124440	0628	𘏈	127422
0567	𘏉	124420	0598	𘏊	124442	0629	𘏋	127440
0568	𘏌	124420	0599	𘏍	124444	0630	𘏎	127440

0631	𘎖	127440
0632	𘎗	127442
0633	𘎘	127444
0634	𘎙	127475
0635	𘎚	129400
0636	𘎛	129400
0637	𘎜	129400
0638	𘎝	129400
0639	𘎞	129440
0640	𘎟	131120
0641	𘎠	132122
0642	𘎡	132124
0643	𘎢	132127
0644	𘎣	132140
0645	𘎤	132141
0646	𘎥	132150
0647	𘎦	132150
0648	𘎧	132152
0649	𘎨	132152
0650	𘎩	132154
0651	𘎪	132212
0652	𘎫	132222
0653	𘎬	132222
0654	𘎭	132242
0655	𘎮	132252
0656	𘎯	132420
0657	𘎰	132420
0658	𘎱	132420
0659	𘎲	132422
0660	𘎳	132422
0661	𘎴	132424

0662	𘎵	132424
0663	𘎶	132425
0664	𘎷	132440
0665	𘎸	132450
0666	𘎹	132450
0667	𘎺	132452
0668	𘎻	132452
0669	𘎼	132454
0670	𘎽	132460
0671	𘎾	132542
0672	𘎿	132552
0673	𘏀	134100
0674	𘏁	134117
0675	𘏂	134120
0676	𘏃	134121
0677	𘏄	134122
0678	𘏅	134124
0679	𘏆	134140
0680	𘏇	134140
0681	𘏈	134142
0682	𘏉	134150
0683	𘏊	134220
0684	𘏋	134222
0685	𘏌	134222
0686	𘏍	134222
0687	𘏎	134400
0688	𘏏	134400
0689	𘏐	134400
0690	𘏑	134400
0691	𘏒	134400
0692	𘏓	134400

0693	𘏔	134400
0694	𘏕	134400
0695	𘏖	134400
0696	𘏗	134400
0697	𘏘	134400
0698	𘏙	134400
0699	𘏚	134400
0700	𘏛	134400
0701	𘏜	134414
0702	𘏝	134420
0703	𘏞	134420
0704	𘏟	134420
0705	𘏠	134420
0706	𘏡	134420
0707	𘏢	134420
0708	𘏣	134420
0709	𘏤	134420
0710	𘏥	134420
0711	𘏦	134422
0712	𘏧	134425
0713	𘏨	134425
0714	𘏩	134440
0715	𘏪	134440
0716	𘏫	134440
0717	𘏬	134442
0718	𘏭	135121
0719	𘏮	135122
0720	𘏯	135124
0721	𘏰	135152
0722	𘏱	135400
0723	𘏲	135400

0724	鞍	135420	0755	祧	142124	0786	乱	144120
0725	韯	135452	0756	禠	142124	0787	乿	144120
0726	馣	137100	0757	禨	142124	0788	羕	144120
0727	靠	137221	0758	禨	142124	0789	飛	144122
0728	鼎	137222	0759	禨	142124	0790	飛	144122
0729	訓	137222	0760	祇	142125	0791	飛	144122
0730	蘇	137244	0761	祇	142125	0792	飛	144122
0731	敎	137400	0762	尠	142142	0793	飛	144122
0732	敎	137400	0763	尠	142142	0794	飛	144122
0733	敢	137420	0764	乱	142150	0795	飛	144122
0734	斁	137422	0765	乱	142150	0796	飛	144122
0735	斁	137422	0766	乱	142150	0797	飛	144122
0736	敎	138420	0767	乱	142150	0798	飛	144122
0737	被	139400	0768	秘	142152	0799	飛	144122
0738	核	139400	0769	稌	142152	0800	飛	144124
0739	疌	141100	0770	禿	142154	0801	飛	144124
0740	號	141122	0771	禿	142154	0802	飛	144124
0741	酰	141124	0772	祇	142170	0803	飛	144125
0742	礼	142120	0773	祗	142220	0804	桃	144140
0743	礼	142120	0774	禧	142224	0805	桃	144140
0744	礼	142122	0775	祓	142420	0806	桃	144140
0745	祝	142122	0776	禮	142422	0807	桃	144140
0746	礼	142122	0777	神	142520	0808	桃	144140
0747	礼	142122	0778	乱	144100	0809	桃	144140
0748	礼	142122	0779	乱	144100	0810	桃	144140
0749	礼	142122	0780	乱	144100	0811	乱	144140
0750	礼	142122	0781	羕	144100	0812	乱	144140
0751	祧	142124	0782	非	144100	0813	乱	144142
0752	祧	142124	0783	乱	144112	0814	乱	144142
0753	祧	142124	0784	非	144120	0815	礼	144144
0754	祧	142124	0785	乱	144120	0816	禮	144144

0817	𘟃	144144	0848	𘟄	152152	0879	𘟅	154525
0818	𘟆	144144	0849	𘟇	152222	0880	𘟈	154547
0819	𘟉	144150	0850	𘟊	152224	0881	𘟋	154570
0820	𘟌	144152	0851	𘟍	152420	0882	𘟎	154570
0821	𘟏	144220	0852	𘟐	152454	0883	𘟑	154570
0822	𘟒	144220	0853	𘟓	152500	0884	𘟔	154570
0823	𘟕	144222	0854	𘟖	152522	0885	𘟗	154940
0824	𘟘	144520	0855	𘟙	152525	0886	𘟚	155140
0825	𘟛	145100	0856	𘟜	152527	0887	𘟝	155151
0826	𘟞	145140	0857	𘟟	152527	0888	𘟠	157022
0827	𘟡	145140	0858	𘟢	152527	0889	𘟣	157248
0828	𘟤	145140	0859	𘟥	152557	0890	𘟦	157945
0829	𘟧	145142	0860	𘟨	152942	0891	𘟩	158920
0830	𘟪	145150	0861	𘟫	154012	0892	𘟬	159400
0831	𘟭	145150	0862	𘟮	154022	0893	𘟯	164242
0832	𘟰	145154	0863	𘟱	154100	0894	𘟲	164322
0833	𘟳	145154	0864	𘟴	154114	0895	𘟵	164322
0834	𘟶	147047	0865	𘟷	154120	0896	𘟸	164520
0835	𘟹	147122	0866	𘟺	154125	0897	𘟻	167322
0836	𘟼	147124	0867	𘟽	154140	0898	𘟾	167420
0837	𘟿	147140	0868	𘠀	154140	0899	𘠁	171000
0838	𘠂	147140	0869	𘠃	154140	0900	𘠄	171000
0839	𘠅	147142	0870	𘠆	154142	0901	𘠇	171000
0840	𘠈	147142	0871	𘠉	154142	0902	𘠊	171000
0841	𘠋	149140	0872	𘠌	154142	0903	𘠍	171000
0842	𘠎	149142	0873	𘠏	154244	0904	𘠐	171000
0843	𘠑	149142	0874	𘠒	154400	0905	𘠓	171000
0844	𘠔	151122	0875	𘠕	154420	0906	𘠖	171000
0845	𘠗	152120	0876	𘠘	154440	0907	𘠙	171000
0846	𘠚	152121	0877	𘠛	154442	0908	𘠜	171000
0847	𘠝	152150	0878	𘠞	154500	0909	𘠟	171120

0910	毿	171400	0941	龖	172122	0972	龘	172142
0911	龙	172100	0942	龘	172124	0973	龘	172142
0912	龙	172100	0943	龘	172124	0974	龘	172144
0913	龙	172100	0944	龘	172124	0975	龘	172144
0914	龙	172100	0945	龘	172124	0976	龘	172144
0915	龙	172100	0946	龘	172124	0977	龘	172147
0916	龘	172111	0947	龘	172124	0978	龘	172150
0917	龍	172112	0948	龘	172124	0979	龘	172150
0918	龘	172114	0949	龘	172124	0980	龘	172152
0919	龘	172120	0950	龘	172124	0981	龘	172152
0920	龘	172120	0951	龘	172124	0982	龘	172122
0921	龘	172120	0952	龘	172124	0983	龘	172154
0922	龘	172120	0953	龘	172124	0984	龘	172154
0923	龘	172120	0954	龘	172124	0985	龘	172161
0924	龘	172120	0955	龘	172124	0986	龘	172170
0925	龘	172120	0956	龘	172124	0987	龘	172170
0926	龘	172120	0957	龘	172124	0988	齐	172200
0927	龘	172121	0958	龘	172124	0989	齐	172210
0928	龘	172122	0959	龘	172125	0990	齐	172212
0929	龘	172122	0960	龘	172125	0991	丽	172215
0930	龘	172122	0961	龘	172125	0992	齐	172220
0931	龘	172122	0962	龘	172125	0993	而	172220
0932	龘	172122	0963	龘	172125	0994	齐	172220
0933	龘	172122	0964	龘	172125	0995	齐	172220
0934	龘	172122	0965	龘	172140	0996	齐	172220
0935	龘	172122	0966	龘	172140	0997	齐	172220
0936	龘	172122	0967	龘	172140	0998	齐	172220
0937	龘	172122	0968	龘	172140	0999	齐	172220
0938	龘	172122	0969	龘	172140	1000	齐	172222
0939	龘	172122	0970	龘	172140	1001	齐	172222
0940	龘	172122	0971	龘	172142	1002	齐	172222

1003	㕶	172222	1034	㕶	172240	1065	㕶	172412
1004	㕶	172222	1035	㕶	172240	1066	㕶	172412
1005	㕶	172222	1036	㕶	172240	1067	㕶	172420
1006	㕶	172222	1037	㕶	172240	1068	㕶	172420
1007	㕶	172222	1038	㕶	172242	1069	㕶	172420
1008	㕶	172222	1039	㕶	172242	1070	㕶	172420
1009	㕶	172222	1040	㕶	172244	1071	㕶	172420
1010	㕶	172222	1041	㕶	172245	1072	㕶	172420
1011	㕶	172222	1042	㕶	172248	1073	㕶	172420
1012	㕶	172222	1043	㕶	172250	1074	㕶	172420
1013	㕶	172222	1044	㕶	172250	1075	㕶	172420
1014	㕶	172222	1045	㕶	172250	1076	㕶	172420
1015	㕶	172222	1046	㕶	172251	1077	㕶	172420
1016	㕶	172222	1047	㕶	172252	1078	㕶	172420
1017	㕶	172222	1048	㕶	172252	1079	㕶	172420
1018	㕶	172222	1049	㕶	172252	1080	㕶	172420
1019	㕶	172222	1050	㕶	172252	1081	㕶	172420
1020	㕶	172224	1051	㕶	172254	1082	㕶	172420
1021	㕶	172224	1052	㕶	172254	1083	㕶	172420
1022	㕶	172224	1053	㕶	172255	1084	㕶	172420
1023	㕶	172224	1054	㕶	172255	1085	㕶	172420
1024	㕶	172224	1055	㕶	172255	1086	㕶	172420
1025	㕶	172224	1056	㕶	172258	1087	㕶	172420
1026	㕶	172224	1057	㕶	172258	1088	㕶	172420
1027	㕶	172224	1058	㕶	172400	1089	㕶	172422
1028	㕶	172224	1059	㕶	172400	1090	㕶	172422
1029	㕶	172224	1060	㕶	172400	1091	㕶	172422
1030	㕶	172224	1061	㕶	172400	1092	㕶	172422
1031	㕶	172224	1062	㕶	172400	1093	㕶	172422
1032	㕶	172225	1063	㕶	172400	1094	㕶	172422
1033	㕶	172228	1064	㕶	172412	1095	㕶	172422

1096	祾	172422
1097	祇	172422
1098	祓	172422
1099	祕	172422
1100	鼐	172424
1101	徹	172424
1102	襪	172424
1103	戔	172440
1104	瓊	172440
1105	毁	172442
1106	毁	172442
1107	毁	172442
1108	毁	172442
1109	盧	172444
1110	毅	172450
1111	毅	172450
1112	毅	172450
1113	毅	172450
1114	毅	172450
1115	毅	172450
1116	毅	172450
1117	毅	172450
1118	毅	172450
1119	毅	172452
1120	毁	172454
1121	羍	172500
1122	羴	172500
1123	祥	172522
1124	祥	172522
1125	禪	172524
1126	禪	172524

1127	鼐	172525
1128	祥	172525
1129	補	172525
1130	羴	172527
1131	屏	172542
1132	雕	172542
1133	辭	172545
1134	辭	172545
1135	释	172550
1136	辯	172554
1137	廬	172575
1138	雕	172622
1139	祈	172920
1140	祈	172920
1141	炙	174000
1142	炙	174000
1143	炙	174000
1144	炙	174000
1145	炙	174000
1146	炙	174000
1147	炙	174000
1148	炙	174000
1149	炙	174000
1150	炙	174000
1151	炙	174000
1152	玨	174000
1153	炙	174000
1154	炙	174000
1155	炙	174000
1156	炙	174000
1157	炙	174000

1158	龜	174100
1159	龜	174100
1160	龜	174100
1161	龜	174100
1162	龜	174100
1163	龜	174100
1164	龜	174100
1165	龜	174100
1166	龜	174100
1167	龜	174100
1168	堯	174100
1169	龜	174100
1170	死	174100
1171	死	174100
1172	龜	174100
1173	龜	174100
1174	龜	174100
1175	堯	174110
1176	堯	174110
1177	龜	174120
1178	飛	174120
1179	堯	174120
1180	龜	174120
1181	龜	174120
1182	龜	174120
1183	兢	174120
1184	飛	174120
1185	龜	174120
1186	龜	174121
1187	龜	174122
1188	飛	174122

1189	𘟻	174122	1220	𘟻	174200	1251	𘟻	174222
1190	𘟻	174122	1221	𘟻	174200	1252	𘟻	174224
1191	𘟻	174122	1222	𘟻	174200	1253	𘟻	174224
1192	𘟻	174122	1223	𘟻	174200	1254	𘟻	174224
1193	𘟻	174122	1224	𘟻	174220	1255	𘟻	174224
1194	𘟻	174124	1225	𘟻	174220	1256	𘟻	174224
1195	𘟻	174124	1226	𘟻	174220	1257	𘟻	174224
1196	𘟻	174124	1227	𘟻	174220	1258	𘟻	174224
1197	𘟻	174124	1228	𘟻	174220	1259	𘟻	174224
1198	𘟻	174125	1229	𘟻	174220	1260	𘟻	174224
1199	𘟻	174125	1230	𘟻	174220	1261	𘟻	174224
1200	𘟻	174125	1231	𘟻	174220	1262	𘟻	174224
1201	𘟻	174125	1232	𘟻	174220	1263	𘟻	174224
1202	𘟻	174140	1233	𘟻	174220	1264	𘟻	174224
1203	𘟻	174140	1234	𘟻	174220	1265	𘟻	174224
1204	𘟻	174140	1235	𘟻	174220	1266	𘟻	174229
1205	𘟻	174140	1236	𘟻	174220	1267	𘟻	174244
1206	𘟻	174141	1237	𘟻	174220	1268	𘟻	174240
1207	𘟻	174141	1238	𘟻	174220	1269	𘟻	174240
1208	𘟻	174141	1239	𘟻	174220	1270	𘟻	174240
1209	𘟻	174142	1240	𘟻	174220	1271	𘟻	174240
1210	𘟻	174144	1241	𘟻	174220	1272	𘟻	174240
1211	𘟻	174144	1242	𘟻	174220	1273	𘟻	174240
1212	𘟻	174144	1243	𘟻	174221	1274	𘟻	174240
1213	𘟻	174150	1244	𘟻	174221	1275	𘟻	174240
1214	𘟻	174150	1245	𘟻	174222	1276	𘟻	174240
1215	𘟻	174155	1246	𘟻	174222	1277	𘟻	174240
1216	𘟻	174155	1247	𘟻	174222	1278	𘟻	174240
1217	𘟻	174170	1248	𘟻	174222	1279	𘟻	174240
1218	𘟻	174200	1249	𘟻	174222	1280	𘟻	174240
1219	𘟻	174200	1250	𘟻	174222	1281	𘟻	174240

1282	鼎	174242	1313	㩟	174400	1344	叕	174420
1283	鼎	174242	1314	㩟	174400	1345	㩟	174420
1284	鼎	174244	1315	㩟	174400	1346	㩟	174420
1285	鼎	174244	1316	㩟	174400	1347	㩟	174420
1286	鼎	174244	1317	㩟	174400	1348	㩟	174420
1287	鼎	174250	1318	㩟	174400	1349	叕	174420
1288	鼎	174254	1319	㩟	174400	1350	叕	174420
1289	鼎	174270	1320	㩟	174400	1351	叕	174420
1290	鼎	174272	1321	㩟	174400	1352	叕	174420
1291	鼎	174274	1322	㩟	174400	1353	叕	174420
1292	鼎	174280	1323	㩟	174400	1354	叕	174420
1293	鼎	174280	1324	㩟	174400	1355	叕	174420
1294	鼎	174322	1325	㩟	174400	1356	叕	174420
1295	鼎	174322	1326	㩟	174400	1357	叕	174420
1296	鼎	174342	1327	㩟	174400	1358	叕	174420
1297	鼎	174400	1328	㩟	174400	1359	叕	174422
1298	鼎	174400	1329	㩟	174400	1360	叕	174422
1299	鼎	174400	1330	㩟	174400	1361	叕	174422
1300	鼎	174400	1331	㩟	174414	1362	叕	174422
1301	鼎	174400	1332	㩟	174414	1363	叕	174422
1302	鼎	174400	1333	㩟	174414	1364	叕	174422
1303	鼎	174400	1334	㩟	174417	1365	叕	174422
1304	鼎	174400	1335	叕	174420	1366	叕	174422
1305	鼎	174400	1336	叕	174420	1367	叕	174422
1306	鼎	174400	1337	叕	174420	1368	叕	174422
1307	鼎	174400	1338	叕	174420	1369	叕	174422
1308	鼎	174400	1339	叕	174420	1370	叕	174422
1309	鼎	174400	1340	叕	174420	1371	叕	174422
1310	鼎	174400	1341	叕	174420	1372	叕	174422
1311	鼎	174400	1342	叕	174420	1373	叕	174424
1312	鼎	174400	1343	叕	174420	1374	叕	174424

1375	𘉯	174424	1406	𘉰	174520	1437	𘉱	175152
1376	𘉲	174425	1407	𘉳	174524	1438	𘉴	175152
1377	𘉵	174440	1408	𘉶	174525	1439	𘉷	175154
1378	𘉸	174440	1409	𘉹	174525	1440	𘉺	175155
1379	𘉻	174440	1410	𘉼	174525	1441	𘉽	175170
1380	𘉾	174440	1411	𘉿	174525	1442	𘊀	175170
1381	𘊁	174440	1412	𘊂	174542	1443	𘊃	175200
1382	𘊄	174440	1413	𘊅	174550	1444	𘊆	175220
1383	𘊇	174440	1414	𘊈	174550	1445	𘊉	175222
1384	𘊊	174440	1415	𘊋	174550	1446	𘊌	175222
1385	𘊍	174440	1416	𘊎	174550	1447	𘊏	175250
1386	𘊐	174440	1417	𘊑	174550	1448	𘊒	175252
1387	𘊓	174440	1418	𘊔	174574	1449	𘊕	175254
1388	𘊖	174440	1419	𘊗	174574	1450	𘊘	175256
1389	𘊙	174440	1420	𘊚	174574	1451	𘊛	175272
1390	𘊜	174440	1421	𘊝	174574	1452	𘊞	175400
1391	𘊟	174440	1422	𘊠	174900	1453	𘊡	175400
1392	𘊢	174442	1423	𘊣	174900	1454	𘊤	175400
1393	𘊥	174444	1424	𘊦	174920	1455	𘊧	175420
1394	𘊨	174455	1425	𘊩	175000	1456	𘊪	175420
1395	𘊫	174455	1426	𘊬	175000	1457	𘊭	175424
1396	𘊮	174470	1427	𘊯	175100	1458	𘊰	175440
1397	𘊱	174470	1428	𘊲	175100	1459	𘊳	175450
1398	𘊴	174470	1429	𘊵	175100	1460	𘊶	175450
1399	𘊷	174472	1430	𘊸	175124	1461	𘊹	175450
1400	𘊺	174500	1431	𘊻	175127	1462	𘊼	175450
1401	𘊽	174500	1432	𘊾	175150	1463	𘊿	175450
1402	𘋀	174500	1433	𘋁	175150	1464	𘋂	175450
1403	𘋃	174520	1434	𘋄	175150	1465	𘋅	175450
1404	𘋆	174520	1435	𘋇	175150	1466	𘋈	175450
1405	𘋉	174520	1436	𘋊	175152	1467	𘋋	175450

1468	敍	175450	1499	羰	177224	1530	藏	177442
1469	藏	175452	1500	希	177240	1531	羰	177442
1470	藏	175452	1501	羕	177240	1532	羰	177442
1471	藏	175452	1502	羕	177240	1533	羰	177444
1472	藏	175452	1503	羕	177240	1534	羰	177444
1473	藏	175452	1504	羽	177240	1535	羰	177450
1474	藏	175459	1505	缓	177240	1536	羰	177450
1475	羊	175500	1506	羰	177240	1537	羰	177470
1476	羊	175520	1507	羰	177240	1538	羰	177472
1477	羰	175540	1508	羰	177242	1539	藏	177520
1478	羊	175550	1509	羰	177242	1540	羰	177524
1479	羰	175554	1510	清	177250	1541	羰	177544
1480	菱	177100	1511	羰	177250	1542	维	177550
1481	羰	177100	1512	羰	177252	1543	绛	177550
1482	豉	177100	1513	羕	177320	1544	羰	177574
1483	羌	177100	1514	羕	177322	1545	羰	178124
1484	羌	177120	1515	凌	177400	1546	豸	178200
1485	羌	177121	1516	羕	177400	1547	羰	178225
1486	羰	177124	1517	羰	177420	1548	羰	178524
1487	羌	177140	1518	羰	177422	1549	肅	179000
1488	羰	177142	1519	羰	177422	1550	羰	179100
1489	羰	177142	1520	羰	177422	1551	祀	179100
1490	羰	177144	1521	羰	177422	1552	祀	179100
1491	羰	177172	1522	羰	177424	1553	龍	179100
1492	羽	177200	1523	羰	177425	1554	羰	179120
1493	羚	177220	1524	羰	177440	1555	羰	179140
1494	羚	177220	1525	羰	177440	1556	祀	179140
1495	羰	177220	1526	羰	177440	1557	移	179200
1496	羕	177221	1527	羌	177440	1558	移	179200
1497	羰	177224	1528	绛	177440	1559	希	179220
1498	羚	177224	1529	羰	177442	1560	羰	179220

1561	稊	179220	1592	龍	182122	1623	聮	182242
1562	䄂	179222	1593	襪	182124	1624	䍽	182244
1563	秘	179244	1594	襪	182124	1625	囚	182248
1564	祓	179400	1595	襪	182124	1626	䣝	182255
1565	祓	179400	1596	襪	182124	1627	㚈	182400
1566	祓	179400	1597	襪	182124	1628	㚈	182400
1567	袚	179400	1598	祢	182124	1629	辥	182414
1568	袚	179400	1599	祢	182124	1630	㚈	182420
1569	袚	179400	1600	龘	182140	1631	㚈	182420
1570	袚	179400	1601	䟢	182144	1632	㚈	182420
1571	秖	179400	1602	䟢	182144	1633	㚈	182420
1572	祥	179500	1603	龘	182150	1634	㚈	182420
1573	祥	179500	1604	龘	182151	1635	㚈	182420
1574	補	179574	1605	龘	182152	1636	㚈	182420
1575	补	179900	1606	龘	182152	1637	㚈	182420
1576	鍪	181000	1607	龘	182152	1638	㚈	182420
1577	龇	181120	1608	龘	182152	1639	㚈	182420
1578	龇	181122	1609	龘	182154	1640	㚈	182422
1579	豹	181240	1610	龘	182162	1641	㚈	182422
1580	鼓	181420	1611	豉	182170	1642	㚈	182422
1581	鼓	181420	1612	祢	182222	1643	㚈	182422
1582	鼖	181420	1613	祢	182222	1644	㚈	182422
1583	戰	181450	1614	稠	182222	1645	㚈	182422
1584	崔	182100	1615	移	182224	1646	㚈	182422
1585	鼰	182117	1616	㣃	182224	1647	㚈	182422
1586	龍	182120	1617	㣃	182224	1648	㚈	182422
1587	龍	182120	1618	㣃	182224	1649	㚈	182424
1588	祢	182122	1619	禭	182225	1650	㚈	182424
1589	禭	182122	1620	禭	182225	1651	㚈	182427
1590	龍	182122	1621	䤀	182225	1652	辪	182450
1591	祇	182122	1622	䤀	182242	1653	㚈	182450

1654	骰	182450	1685	虇	184122	1716	賺	184225
1655	骰	182450	1686	虣	184122	1717	袊	184240
1656	骰	182452	1687	獵	184122	1718	辂	184240
1657	觲	182452	1688	虦	184122	1719	叕	184240
1658	骰	182452	1689	殩	184124	1720	叕	184240
1659	骰	182452	1690	虩	184140	1721	叕	184240
1660	骹	182452	1691	虩	184140	1722	叕	184240
1661	祷	182522	1692	虦	184140	1723	叕	184240
1662	祷	182522	1693	虩	184140	1724	叕	184240
1663	韡	182545	1694	虩	184140	1725	叕	184240
1664	祥	182550	1695	虩	184140	1726	絀	184242
1665	鬲	182552	1696	虩	184140	1727	耏	184244
1666	虎	184100	1697	虩	184140	1728	虩	184244
1667	虎	184100	1698	辄	184142	1729	絀	184250
1668	虎	184100	1699	虩	184142	1730	絀	184272
1669	虎	184100	1700	虩	184144	1731	絀	184280
1670	虎	184100	1701	虩	184144	1732	伐	184400
1671	虎	184100	1702	辄	184152	1733	叕	184400
1672	虎	184100	1703	移	184200	1734	叕	184400
1673	虩	184112	1704	刪	184212	1735	叕	184400
1674	虩	184120	1705	耫	184215	1736	叕	184400
1675	虩	184120	1706	耏	184220	1737	叕	184400
1676	虩	184120	1707	刈	184220	1738	叕	184400
1677	靴	184120	1708	刈	184220	1739	毂	184400
1678	虩	184120	1709	刈	184220	1740	耕	184400
1679	虩	184120	1710	刈	184220	1741	叕	184400
1680	虩	184120	1711	耕	184220	1742	叕	184400
1681	虩	184120	1712	耕	184220	1743	叕	184400
1682	殧	184121	1713	絀	184220	1744	叕	184400
1683	虦	184121	1714	刈	184222	1745	叕	184400
1684	虩	184121	1715	絀	184222	1746	骰	184412

1747	𘟖	184414	1778	𘟗	184525	1809	𘟘	187120
1748	𘟖	184420	1779	𘟗	184525	1810	𘟘	187122
1749	𘟖	184420	1780	𘟗	184550	1811	𘟘	187127
1750	𘟖	184420	1781	𘟗	184550	1812	𘟘	187127
1751	𘟖	184420	1782	𘟗	184900	1813	𘟘	187140
1752	𘟖	184420	1783	𘟗	184920	1814	𘟘	187141
1753	𘟖	184420	1784	𘟗	185140	1815	𘟘	187142
1754	𘟖	184420	1785	𘟗	185142	1816	𘟘	187145
1755	𘟖	184420	1786	𘟗	185152	1817	𘟘	187220
1756	𘟖	184420	1787	𘟗	185200	1818	𘟘	187220
1757	𘟖	184420	1788	𘟗	185220	1819	𘟘	187224
1758	𘟖	184420	1789	𘟗	185252	1820	𘟘	187225
1759	𘟖	184420	1790	𘟗	185254	1821	𘟘	187240
1760	𘟖	184420	1791	𘟗	185254	1822	𘟘	187242
1761	𘟖	184420	1792	𘟗	185400	1823	𘟘	187244
1762	𘟖	184420	1793	𘟗	185400	1824	𘟘	187400
1763	𘟖	184420	1794	𘟗	185400	1825	𘟘	187400
1764	𘟖	184420	1795	𘟗	185420	1826	𘟘	187400
1765	𘟖	184422	1796	𘟗	185420	1827	𘟘	187420
1766	𘟖	184422	1797	𘟗	185420	1828	𘟘	187420
1767	𘟖	184422	1798	𘟗	185420	1829	𘟘	187420
1768	𘟖	184424	1799	𘟗	185440	1830	𘟘	187422
1769	𘟖	184440	1800	𘟗	185450	1831	𘟘	187550
1770	𘟖	184440	1801	𘟗	185450	1832	𘟘	189140
1771	𘟖	184440	1802	𘟗	185450	1833	𘟘	189140
1772	𘟖	184440	1803	𘟗	185452	1834	𘟘	189142
1773	𘟖	184440	1804	𘟗	185452	1835	𘟘	189224
1774	𘟖	184442	1805	𘟗	185452	1836	𘟘	189240
1775	𘟖	184444	1806	𘟗	185452	1837	𘟘	189400
1776	𘟖	184455	1807	𘟗	185552	1838	𘟘	189400
1777	𘟖	184525	1808	𘟗	187100	1839	𘟘	189420

1840	𘏥	189420	1871	𘏦	194274	1902	𘏧	210122
1841	𘏨	189520	1872	𘏩	194274	1903	𘏪	210122
1842	𘏫	189550	1873	𘏬	194314	1904	𘏭	210122
1843	𘏮	192117	1874	𘏯	194420	1905	𘏰	210124
1844	𘏱	192124	1875	𘏲	194540	1906	𘏳	210124
1845	𘏴	192224	1876	𘏵	194545	1907	𘏶	210124
1846	𘏷	192224	1877	𘏸	194550	1908	𘏹	210124
1847	𘏺	192224	1878	𘏻	195127	1909	𘏼	210124
1848	𘏽	192224	1879	𘏾	195252	1910	𘏿	210124
1849	𘐀	192225	1880	𘐁	195254	1911	𘐂	210124
1850	𘐃	192522	1881	𘐄	197242	1912	𘐅	210124
1851	𘐆	192522	1882	𘐇	197444	1913	𘐈	210124
1852	𘐉	192524	1883	𘐊	202200	1914	𘐋	210125
1853	𘐌	194100	1884	𘐍	202250	1915	𘐎	210125
1854	𘐏	194127	1885	𘐐	204000	1916	𘐑	210125
1855	𘐒	194141	1886	𘐓	204000	1917	𘐔	210125
1856	𘐕	194220	1887	𘐖	204000	1918	𘐗	210127
1857	𘐘	194220	1888	𘐙	204000	1919	𘐚	210140
1858	𘐛	194220	1889	𘐜	204000	1920	𘐝	210140
1859	𘐞	194220	1890	𘐟	210100	1921	𘐠	210140
1860	𘐡	194220	1891	𘐢	210111	1922	𘐣	210140
1861	𘐤	194224	1892	𘐥	210112	1923	𘐦	210140
1862	𘐧	194224	1893	𘐨	210120	1924	𘐩	210140
1863	𘐪	194224	1894	𘐫	210120	1925	𘐬	210140
1864	𘐭	194225	1895	𘐮	210121	1926	𘐯	210142
1865	𘐰	194225	1896	𘐱	210121	1927	𘐲	210142
1866	𘐳	194225	1897	𘐴	210122	1928	𘐵	210142
1867	𘐶	194242	1898	𘐷	210122	1929	𘐸	210144
1868	𘐹	194244	1899	𘐺	210122	1930	𘐻	210144
1869	𘐼	194274	1900	𘐽	210122	1931	𘐾	210150
1870	𘐿	194274	1901	𘑀	210122	1932	𘑁	210151

1933	𗥤	210154	1964	𗦀	210420	1995	𗦡	212122
1934	𗥥	210154	1965	𗦁	210422	1996	𗦢	212124
1935	𗥦	210154	1966	𗦂	210422	1997	𗦣	212124
1936	𗥧	210157	1967	𗦃	210422	1998	𗦤	212124
1937	𗥨	210212	1968	𗦄	210422	1999	𗦥	212124
1938	𗥩	210212	1969	𗦅	210424	2000	𗦦	212124
1939	𗥪	210220	1970	𗦆	210440	2001	𗦧	212124
1940	𗥫	210222	1971	𗦇	210440	2002	𗦨	212124
1941	𗥬	210222	1972	𗦈	210442	2003	𗦩	212124
1942	𗥭	210222	1973	𗦉	210442	2004	𗦪	212125
1943	𗥮	210222	1974	𗦊	210442	2005	𗦫	212140
1944	𗥯	210222	1975	𗦋	210444	2006	𗦬	212140
1945	𗥰	210222	1976	𗦌	210444	2007	𗦭	212140
1946	𗥱	210222	1977	𗦍	210450	2008	𗦮	212140
1947	𗥲	210224	1978	𗦎	210450	2009	𗦯	212141
1948	𗥳	210224	1979	𗦏	210450	2010	𗦰	212141
1949	𗥴	210224	1980	𗦐	210452	2011	𗦱	212142
1950	𗥵	210224	1981	𗦑	210525	2012	𗦲	212142
1951	𗥶	210224	1982	𗦒	210545	2013	𗦳	212144
1952	𗥷	210240	1983	𗦓	210545	2014	𗦴	212144
1953	𗥸	210242	1984	𗦔	210550	2015	𗦵	212144
1954	𗥹	210242	1985	𗦕	210920	2016	𗦶	212147
1955	𗥺	210244	1986	𗦖	210950	2017	𗦷	212150
1956	𗥻	210244	1987	𗦗	212100	2018	𗦸	212150
1957	𗥼	210250	1988	𗦘	212100	2019	𗦹	212150
1958	𗥽	210255	1989	𗦙	212121	2020	𗦺	212152
1959	𗥾	210255	1990	𗦚	212122	2021	𗦻	212152
1960	𗥿	210400	1991	𗦛	212122	2022	𗦼	212200
1961	𗦀	210420	1992	𗦜	212122	2023	𗦽	212220
1962	𗦁	210420	1993	𗦝	212122	2024	𗦾	212220
1963	𗦂	210420	1994	𗦞	212122	2025	𗦿	212222

2026	修	212222	2057	徙	212525	2088	狐	214122
2027	徧	212222	2058	獮	212542	2089	狐	214122
2028	修	212224	2059	彿	212545	2090	狐	214122
2029	頒	212224	2060	徇	212940	2091	狐	214122
2030	狄	212240	2061	徒	214000	2092	狐	214122
2031	狄	212240	2062	邊	214000	2093	狐	214122
2032	翔	212240	2063	死	214100	2094	獵	214122
2033	辭	212240	2064	犯	214100	2095	狐	214122
2034	獅	212242	2065	狂	214100	2096	狐	214122
2035	斷	212242	2066	狂	214100	2097	狐	214122
2036	斷	212242	2067	獵	214100	2098	狐	214122
2037	飭	212242	2068	犯	214100	2099	狐	214122
2038	赫	212244	2069	犯	214100	2100	狐	214122
2039	徹	212244	2070	狂	214100	2101	狐	214122
2040	狡	212274	2071	狂	214100	2102	狐	214122
2041	狡	212400	2072	狐	214120	2103	狐	214122
2042	變	212400	2073	狐	214120	2104	狐	214122
2043	覆	212412	2074	狐	214120	2105	狐	214122
2044	叛	212420	2075	狐	214120	2106	狐	214122
2045	叛	212420	2076	獵	214120	2107	狐	214122
2046	復	212420	2077	狐	214120	2108	獵	214124
2047	釋	212420	2078	獵	214120	2109	狐	214124
2048	彼	212420	2079	姚	214120	2110	狐	214124
2049	嫩	212422	2080	恆	214121	2111	獵	214124
2050	嫩	212422	2081	姫	214121	2112	進	214124
2051	得	212424	2082	狐	214121	2113	燃	214124
2052	得	212424	2083	狐	214121	2114	狐	214124
2053	徹	212425	2084	狐	214121	2115	疑	214124
2054	緯	212440	2085	獮	214121	2116	狐	214124
2055	飯	212442	2086	狐	214121	2117	獵	214125
2056	耕	212452	2087	狐	214121	2118	獵	214125

2119	𗀀	214125	2150	𗀀	214142	2181	𗀀	214175
2120	𗀀	214125	2151	𗀀	214142	2182	𗀀	214182
2121	𗀀	214125	2152	𗀀	214142	2183	𗀀	214200
2122	𗀀	214125	2153	𗀀	214142	2184	𗀀	214200
2123	𗀀	214127	2154	𗀀	214142	2185	𗀀	214200
2124	𗀀	214127	2155	𗀀	214142	2186	𗀀	214200
2125	𗀀	214127	2156	𗀀	214142	2187	𗀀	214220
2126	𗀀	214140	2157	𗀀	214142	2188	𗀀	214220
2127	𗀀	214140	2158	𗀀	214142	2189	𗀀	214220
2128	𗀀	214140	2159	𗀀	214142	2190	𗀀	214220
2129	𗀀	214140	2160	𗀀	214142	2191	𗀀	214220
2130	𗀀	214140	2161	𗀀	214142	2192	𗀀	214220
2131	𗀀	214140	2162	𗀀	214144	2193	𗀀	214222
2132	𗀀	214140	2163	𗀀	214144	2194	𗀀	214222
2133	𗀀	214140	2164	𗀀	214144	2195	𗀀	214222
2134	𗀀	214140	2165	𗀀	214144	2196	𗀀	214222
2135	𗀀	214140	2166	𗀀	214144	2197	𗀀	214222
2136	𗀀	214140	2167	𗀀	214144	2198	𗀀	214222
2137	𗀀	214140	2168	𗀀	214144	2199	𗀀	214222
2138	𗀀	214140	2169	𗀀	214144	2200	𗀀	214222
2139	𗀀	214140	2170	𗀀	214145	2201	𗀀	214224
2140	𗀀	214140	2171	𗀀	214150	2202	𗀀	214224
2141	𗀀	214140	2172	𗀀	214150	2203	𗀀	214224
2142	𗀀	214140	2173	𗀀	214150	2204	𗀀	214224
2143	𗀀	214141	2174	𗀀	214150	2205	𗀀	214224
2144	𗀀	214141	2175	𗀀	214150	2206	𗀀	214224
2145	𗀀	214141	2176	𗀀	214170	2207	𗀀	214224
2146	𗀀	214141	2177	𗀀	214170	2208	𗀀	214224
2147	𗀀	214141	2178	𗀀	214172	2209	𗀀	214224
2148	𗀀	214141	2179	𗀀	214172	2210	𗀀	214224
2149	𗀀	214142	2180	𗀀	214174	2211	𗀀	214225

2212	絼	214225	2243	纝	214400	2274	爒	214441
2213	絼	214225	2244	纝	214400	2275	繟	214442
2214	紉	214240	2245	纈	214414	2276	繎	214442
2215	絻	214240	2246	級	214420	2277	報	214442
2216	紉	214240	2247	級	214420	2278	縵	214442
2217	絆	214240	2248	綏	214420	2279	絑	214444
2218	紁	214240	2249	綏	214420	2280	絑	214444
2219	紆	214240	2250	緉	214420	2281	綴	274444
2220	絎	214242	2251	纝	214420	2282	級	214482
2221	絣	214242	2252	級	214420	2283	絩	214520
2222	絤	214242	2253	紴	214420	2284	絎	214520
2223	絆	214250	2254	紴	214420	2285	絑	214520
2224	絣	214272	2255	綖	214420	2286	繎	214525
2225	絹	214274	2256	奸	214420	2287	絣	214542
2226	綖	214280	2257	編	214421	2288	繎	214542
2227	綖	214320	2258	織	214422	2289	絑	214545
2228	奸	214400	2259	繡	214422	2290	絣	214550
2229	紋	214400	2260	燃	214422	2291	絑	214550
2230	紋	214400	2261	纝	214422	2292	絣	214570
2231	紒	214400	2262	緵	214422	2293	繡	214620
2232	紋	214400	2263	妍	214440	2294	紉	214900
2233	綏	214400	2264	綖	214440	2295	絼	214900
2234	綏	214400	2265	纝	214440	2296	絼	214900
2235	綖	214400	2266	綖	214440	2297	賺	215000
2236	綏	214400	2267	纝	214440	2298	甄	215121
2237	綏	214400	2268	纝	214440	2299	甄	215121
2238	紋	214400	2269	絹	214440	2300	耗	215150
2239	紋	214400	2270	綏	214440	2301	瓶	215151
2240	纝	214400	2271	級	214440	2302	甊	215154
2241	綏	214400	2272	綏	214440	2303	斬	215220
2242	綏	214400	2273	姤	214441	2304	輗	215254

编号	字	码	编号	字	码	编号	字	码
2305	歸	215950	2336	雔	218122	2367	憪	220422
2306	秅	217100	2337	獶	218124	2368	憪	220422
2307	遘	217100	2338	㺄	218124	2369	憾	220422
2308	雓	217120	2339	㺅	218124	2370	憦	220422
2309	氕	217120	2340	獵	218125	2371	憫	220422
2310	樵	217122	2341	衍	218220	2372	憚	220424
2311	樴	217124	2342	獅	218224	2373	慨	220424
2312	樲	217124	2343	獝	218224	2374	憒	220424
2313	㶮	217140	2344	狚	218420	2375	慨	220424
2314	㶯	217140	2345	狌	218420	2376	憉	220425
2315	㶰	217140	2346	狾	218420	2377	憊	220425
2316	樷	217140	2347	獿	218422	2378	憒	220425
2317	樵	217140	2348	獅	218525	2379	憒	220425
2318	樵	217140	2349	獅	218920	2380	胪	220440
2319	繩	217141	2350	猠	219220	2381	肜	220440
2320	柾	217142	2351	枂	219222	2382	朕	220440
2321	毛	217150	2352	猴	219400	2383	朕	220440
2322	軔	217154	2353	刎	220022	2384	朕	220440
2323	軺	217250	2354	刎	220024	2385	朕	220442
2324	軔	217252	2355	刎	220024	2386	朕	220444
2325	軒	217252	2356	刎	220121	2387	朕	220444
2326	繻	217252	2357	刎	220127	2388	胈	220450
2327	叛	217420	2358	胼	220151	2389	朕	220450
2328	瓶	217422	2359	胶	220410	2390	朕	220450
2329	䩹	217422	2360	肫	220412	2391	朘	220450
2330	校	217442	2361	胶	220420	2392	朘	220451
2331	枰	217442	2362	悛	220420	2393	懨	220452
2332	縎	217444	2363	憪	220421	2394	憪	220472
2333	靪	217445	2364	憦	220422	2395	嗣	220525
2334	締	217920	2365	憨	220422	2396	鑿	221000
2335	祗	218120	2366	憾	220422	2397	鑿	221000

编号	字	编码	编号	字	编码	编号	字	编码
2398	𗥪	222022	2429	𗥫	222444	2460	𗥬	224400
2399	𗥭	222022	2430	𗥮	222444	2461	𗥯	224400
2400	𗥰	222024	2431	𗥱	222472	2462	𗥲	224400
2401	𗥳	222042	2432	𗥴	222490	2463	𗥵	224412
2402	𗥶	222111	2433	𗥷	224000	2464	𗥸	224420
2403	𗥹	222122	2434	𗥺	224000	2465	𗥻	224420
2404	𗥼	222124	2435	𗥽	224000	2466	𗥾	224420
2405	𗥿	222127	2436	𗦀	224000	2467	𗦁	224420
2406	𗦂	222127	2437	𗦃	224000	2468	𗦄	224420
2407	𗦅	222150	2438	𗦆	224000	2469	𗦇	224420
2408	𗦈	222242	2439	𗦉	224000	2470	𗦊	224420
2409	𗦋	222400	2440	𗦌	224028	2471	𗦍	224422
2410	𗦎	222420	2441	𗦏	224040	2472	𗦐	224422
2411	𗦑	222422	2442	𗦒	224040	2473	𗦓	224422
2412	𗦔	222422	2443	𗦕	224042	2474	𗦖	224422
2413	𗦗	222422	2444	𗦘	224042	2475	𗦙	224422
2414	𗦚	222422	2445	𗦛	224042	2476	𗦜	224422
2415	𗦝	222422	2446	𗦞	224045	2477	𗦟	224422
2416	𗦠	222422	2447	𗦡	224055	2478	𗦢	224422
2417	𗦣	222422	2448	𗦤	224072	2479	𗦥	224422
2418	𗦦	222422	2449	𗦧	224080	2480	𗦨	224422
2419	𗦩	222424	2450	𗦪	224100	2481	𗦫	224422
2420	𗦬	222424	2451	𗦭	224121	2482	𗦮	224422
2421	𗦯	222424	2452	𗦰	224122	2483	𗦱	224422
2422	𗦲	222440	2453	𗦳	224122	2484	𗦴	224422
2423	𗦵	222440	2454	𗦶	224127	2485	𗦷	224422
2424	𗦸	222440	2455	𗦹	224127	2486	𗦺	224424
2425	𗦻	222441	2456	𗦼	224344	2487	𗦽	224424
2426	𗦾	222442	2457	𗦿	224400	2488	𗧀	224440
2427	𗧁	222442	2458	𗧂	224400	2489	𗧃	224440
2428	𗧄	222442	2459	𗧅	224400	2490	𗧆	224440

2491	𘟀	224440	2522	𘟀	225150	2553	𘟀	230140
2492	𘟀	224440	2523	𘟀	225422	2554	𘟀	230140
2493	𘟀	224440	2524	𘟀	225450	2555	𘟀	230142
2494	𘟀	224440	2525	𘟀	225450	2556	𘟀	230152
2495	𘟀	224440	2526	𘟀	225454	2557	𘟀	230222
2496	𘟀	224440	2527	𘟀	227028	2558	𘟀	230224
2497	𘟀	224440	2528	𘟀	227042	2559	𘟀	230242
2498	𘟀	224440	2529	𘟀	227122	2560	𘟀	230252
2499	𘟀	224440	2530	𘟀	227145	2561	𘟀	230400
2500	𘟀	224440	2531	𘟀	227345	2562	𘟀	230400
2501	𘟀	224440	2532	𘟀	227400	2563	𘟀	230420
2502	𘟀	224440	2533	𘟀	227422	2564	𘟀	230422
2503	𘟀	224441	2534	𘟀	227424	2565	𘟀	230422
2504	𘟀	224442	2535	𘟀	227424	2566	𘟀	230440
2505	𘟀	224442	2536	𘟀	227440	2567	𘟀	230440
2506	𘟀	224442	2537	𘟀	227440	2568	𘟀	230440
2507	𘟀	224442	2538	𘟀	227442	2569	𘟀	230450
2508	𘟀	224444	2539	𘟀	227442	2570	𘟀	230450
2509	𘟀	224447	2540	𘟀	227444	2571	𘟀	230452
2510	𘟀	224450	2541	𘟀	227450	2572	𘟀	230542
2511	𘟀	224450	2542	𘟀	227450	2573	𘟀	231000
2512	𘟀	224452	2543	𘟀	227452	2574	𘟀	231000
2513	𘟀	224455	2544	𘟀	228000	2575	𘟀	232100
2514	𘟀	224455	2545	𘟀	228024	2576	𘟀	232110
2515	𘟀	224455	2546	𘟀	228420	2577	𘟀	232120
2516	𘟀	224472	2547	𘟀	228422	2578	𘟀	232122
2517	𘟀	224545	2548	𘟀	229400	2579	𘟀	232127
2518	𘟀	224570	2549	𘟀	229400	2580	𘟀	232140
2519	𘟀	224570	2550	𘟀	230122	2581	𘟀	232222
2520	𘟀	225000	2551	𘟀	230122	2582	𘟀	232240
2521	𘟀	225022	2552	𘟀	230122	2583	𘟀	232400

2584	瘦	232400		2615	縋	234127		2646	燚	234400
2585	裛	232420		2616	築	234140		2647	燉	234414
2586	伎	232420		2617	秕	234140		2648	燉	234420
2587	瘨	232420		2618	縦	234140		2649	彼	234420
2588	徼	232422		2619	筑	234140		2650	彼	234420
2589	徼	232422		2620	筑	234140		2651	彼	234420
2590	徳	232422		2621	秕	234140		2652	紱	234420
2591	彼	232422		2622	縮	234142		2653	被	234420
2592	儉	232422		2623	縋	234142		2654	繼	234420
2593	飡	232424		2624	繊	234144		2655	坡	234420
2594	跂	232440		2625	綪	234220		2656	繊	234420
2595	敧	232442		2626	縡	234220		2657	姚	234420
2596	秋	232452		2627	綪	234220		2658	桼	234422
2597	鋅	232540		2628	綪	234220		2659	爐	234422
2598	夋	234000		2629	絹	234221		2660	繚	234422
2599	夐	234000		2630	綪	234222		2661	紕	234422
2600	燚	234000		2631	綪	234222		2662	獄	234422
2601	炎	234000		2632	羕	234224		2663	紕	234422
2602	笊	234100		2633	綢	234224		2664	獄	234422
2603	筑	234120		2634	綢	234224		2665	獄	234422
2604	筑	234120		2635	狻	234240		2666	繊	234422
2605	筑	234120		2636	綿	234242		2667	繊	234422
2606	筑	234121		2637	絅	234250		2668	繊	234422
2607	縧	234121		2638	絅	234250		2669	獄	234422
2608	燃	234122		2639	絧	234282		2670	綽	234424
2609	筑	234122		2640	狡	234400		2671	獄	234425
2610	筑	234122		2641	炎	234400		2672	獄	234425
2611	筑	234122		2642	炎	234400		2673	燉	234440
2612	筑	234122		2643	炎	234400		2674	燚	234440
2613	筑	234122		2644	夋	234400		2675	綽	234440
2614	纖	234122		2645	燚	234400		2676	皎	234440

2677	綾	234440	2708	帆	240125	2739	綱	244027
2678	綾	234440	2709	帆	240125	2740	綱	244047
2679	纖	234442	2710	帆	240140	2741	綱	244077
2680	繳	234444	2711	帆	240140	2742	炸	244100
2681	繳	234455	2712	帆	240142	2743	菟	244121
2682	繳	234470	2713	帆	240144	2744	燃	244122
2683	縧	234472	2714	帆	240145	2745	燃	244122
2684	繳	234472	2715	帆	240152	2746	燃	244122
2685	縡	234500	2716	帆	240152	2747	燃	244122
2686	綢	234522	2717	帆	240154	2748	燃	244122
2687	綿	234542	2718	帆	240154	2749	燃	244122
2688	綿	234550	2719	懷	240422	2750	燃	244122
2689	敏	235450	2720	紂	242027	2751	燃	244122
2690	敏	235452	2721	徙	242120	2752	燃	244122
2691	穗	237127	2722	帆	242122	2753	燃	244122
2692	鑫	237140	2723	帆	242122	2754	燃	244122
2693	綴	237440	2724	帆	242122	2755	燃	244122
2694	綾	237442	2725	荒	242122	2756	燃	244122
2695	繞	237524	2726	燃	242122	2757	燃	244122
2696	綽	237550	2727	敏	242124	2758	燃	244122
2697	韓	237552	2728	帆	242125	2759	燃	244122
2698	帆	240114	2729	燃	242127	2760	燃	244122
2699	帆	240122	2730	俊	242140	2761	燃	244122
2700	帆	240122	2731	燃	242140	2762	燃	244122
2701	帆	240122	2732	燃	242140	2763	燃	244124
2702	懷	240122	2733	燃	242142	2764	燃	244124
2703	懷	240122	2734	燃	242144	2765	燃	244124
2704	帆	240124	2735	穗	242144	2766	燃	244124
2705	帆	240124	2736	帆	242150	2767	燃	244124
2706	懷	240124	2737	帆	242150	2768	燃	244124
2707	帆	240125	2738	綱	242152	2769	燃	244125

2770	𘜊	244125	2801	𘜋	244174	2832	𘜌	250254
2771	𘜍	244125	2802	𘜎	244175	2833	𘜏	250420
2772	𘜐	244125	2803	𘜑	244190	2834	𘜒	250450
2773	𘜓	244125	2804	𘜔	244220	2835	𘜕	250517
2774	𘜖	244140	2805	𘜗	244224	2836	𘜘	250517
2775	𘜙	244140	2806	𘜚	244224	2837	𘜛	250527
2776	𘜜	244140	2807	𘜝	214242	2838	𘜞	250547
2777	𘜟	244140	2808	𘜠	244244	2839	𘜡	250547
2778	𘜢	244140	2809	𘜣	244400	2840	𘜤	250557
2779	𘜥	244140	2810	𘜦	245057	2841	𘜧	250914
2780	𘜨	244140	2811	𘜩	245154	2842	𘜪	251100
2781	𘜫	244140	2812	𘜬	247450	2843	𘜭	252022
2782	𘜮	244140	2813	𘜯	248122	2844	𘜰	252120
2783	𘜱	244142	2814	𘜲	248122	2845	𘜳	252122
2784	𘜴	244142	2815	𘜵	248124	2846	𘜶	252127
2785	𘜷	244142	2816	𘜸	248124	2847	𘜹	252150
2786	𘜺	244142	2817	𘜻	250022	2848	𘜼	252220
2787	𘜽	244142	2818	𘜾	250022	2849	𘜿	252440
2788	𘝀	244142	2819	𘝁	250025	2850	𘝂	252547
2789	𘝃	244142	2820	𘝄	250115	2851	𘝅	252570
2790	𘝆	244144	2821	𘝇	250117	2852	𘝈	254000
2791	𘝉	244144	2822	𘝊	250120	2853	𘝋	254044
2792	𘝌	244144	2823	𘝍	250120	2854	𘝎	254100
2793	𘝏	244144	2824	𘝐	250122	2855	𘝑	254100
2794	𘝒	244145	2825	𘝓	250122	2856	𘝔	254120
2795	𘝕	244145	2826	𘝖	250124	2857	𘝗	254122
2796	𘝘	244150	2827	𘝙	250125	2858	𘝚	254122
2797	𘝛	244150	2828	𘝜	250144	2859	𘝝	254122
2798	𘝞	244150	2829	𘝟	250150	2860	𘝠	254122
2799	𘝡	244155	2830	𘝢	250220	2861	𘝣	254122
2800	𘝤	244172	2831	𘝥	250244	2862	𘝦	254125

2863	󰀀	254140	2894	󰀀	254900	2925	󰀀	270152
2864	󰀀	254140	2895	󰀀	255150	2926	󰀀	270214
2865	󰀀	254140	2896	󰀀	257050	2927	󰀀	270220
2866	󰀀	254140	2897	󰀀	257120	2928	󰀀	270220
2867	󰀀	254142	2898	󰀀	257122	2929	󰀀	270222
2868	󰀀	254142	2899	󰀀	257144	2930	󰀀	270222
2869	󰀀	254144	2900	󰀀	257252	2931	󰀀	270222
2870	󰀀	254200	2901	󰀀	257542	2932	󰀀	270222
2871	󰀀	254200	2902	󰀀	260124	2933	󰀀	270222
2872	󰀀	254222	2903	󰀀	260224	2934	󰀀	270222
2873	󰀀	254222	2904	󰀀	260420	2935	󰀀	270222
2874	󰀀	254240	2905	󰀀	264121	2936	󰀀	270224
2875	󰀀	254240	2906	󰀀	267222	2937	󰀀	270224
2876	󰀀	254400	2907	󰀀	270100	2938	󰀀	270224
2877	󰀀	254420	2908	󰀀	270100	2939	󰀀	270240
2878	󰀀	254440	2909	󰀀	270121	2940	󰀀	270240
2879	󰀀	254442	2910	󰀀	270122	2941	󰀀	270242
2880	󰀀	254444	2911	󰀀	270122	2942	󰀀	270242
2881	󰀀	254447	2912	󰀀	270122	2943	󰀀	270242
2882	󰀀	254520	2913	󰀀	270124	2944	󰀀	270242
2883	󰀀	254525	2914	󰀀	270124	2945	󰀀	270242
2884	󰀀	254527	2915	󰀀	270124	2946	󰀀	270244
2885	󰀀	254547	2916	󰀀	270124	2947	󰀀	270245
2886	󰀀	254547	2917	󰀀	270125	2948	󰀀	270250
2887	󰀀	254550	2918	󰀀	270125	2949	󰀀	270250
2888	󰀀	254570	2919	󰀀	270140	2950	󰀀	270252
2889	󰀀	254570	2920	󰀀	270140	2951	󰀀	270255
2890	󰀀	254570	2921	󰀀	270142	2952	󰀀	270322
2891	󰀀	254570	2922	󰀀	270145	2953	󰀀	270342
2892	󰀀	254900	2923	󰀀	270150	2954	󰀀	270400
2893	󰀀	254900	2924	󰀀	270152	2955	󰀀	270400

2956	燚	270400
2957	燚	270400
2958	惔	270420
2959	愀	270422
2960	憿	270422
2961	愎	270422
2962	愀	270422
2963	慷	270422
2964	憿	270424
2965	懟	270424
2966	懷	270424
2967	懺	270425
2968	憨	270425
2969	燚	270440
2970	燚	270440
2971	燚	270442
2972	燚	270442
2973	敀	270450
2974	敀	270450
2975	敀	270450
2976	敀	270452
2977	敀	270455
2978	敀	270452
2979	㹑	270500
2980	㹑	270522
2981	㹑	270522
2982	㹑	270524
2983	㹑	270525
2984	㹑	270525
2985	㹑	270542
2986	㹑	270544
2987	㹑	270545
2988	㹑	270545
2989	㹑	270545
2990	㹑	270572
2991		270900
2992	肺	270950
2993	肺	270950
2994	蠱	271000
2995	鑒	271000
2996	鑒	271000
2997	蝗	272100
2998	蝗	272100
2999	蛇	272120
3000	虺	272120
3001	蛇	272120
3002	蠱	272120
3003	蛇	272120
3004	虺	272121
3005	蠱	272122
3006	蠱	272122
3007	蠣	232122
3008	蠱	272124
3009	蠱	272124
3010	蠣	272125
3011	虻	272140
3012	蜓	272140
3013	蟣	272142
3014	蠢	272144
3015	蠡	272152
3016	蠡	272152
3017	龜	272152
3018	羔	272200
3019	豹	272200
3020	豺	272212
3021	豺	272212
3022	豺	272220
3023	豺	272220
3024	豺	272220
3025	豺	272220
3026	豺	272220
3027	豺	272222
3028	豺	272222
3029	豺	272224
3030	豺	272240
3031	燚	272240
3032	豺	272242
3033	豺	272242
3034	豺	272242
3035	豺	272242
3036	羔	272250
3037	豺	272255
3038	羔	272400
3039	豺	272400
3040	豺	272400
3041	豺	272400
3042	豺	272400
3043	豺	272420
3044	豺	272420
3045	豺	272420
3046	豺	272420
3047	豺	272420
3048	豺	272420

3049	𘟣	272422	3080	𘟤	272542	3111	𘟥	274100
3050	𘟣	272422	3081	𘟤	272545	3112	𘟥	274120
3051	𘟣	272422	3082	𘟤	272545	3113	𘟥	274120
3052	𘟣	272422	3083	𘟤	272550	3114	𘟥	274120
3053	𘟣	272424	3084	𘟤	272550	3115	𘟥	274120
3054	𘟣	272424	3085	𘟤	272550	3116	𘟥	274121
3055	𘟣	272425	3086	𘟤	272600	3117	𘟥	274121
3056	𘟣	272440	3087	𘟤	274000	3118	𘟥	274122
3057	𘟣	272440	3088	𘟤	274000	3119	𘟥	274122
3058	𘟣	272440	3089	𘟤	274000	3120	𘟥	274122
3059	𘟣	272440	3090	𘟤	274000	3121	𘟥	274122
3060	𘟣	272440	3091	𘟤	274000	3122	𘟥	274122
3061	𘟣	272440	3092	𘟤	274000	3123	𘟥	274122
3062	𘟣	272440	3093	𘟤	274000	3124	𘟥	274122
3063	𘟣	272440	3094	𘟤	274000	3125	𘟥	274122
3064	𘟣	272440	3095	𘟤	274000	3126	𘟥	274122
3065	𘟣	272442	3096	𘟤	274000	3127	𘟥	274122
3066	𘟣	272442	3097	𘟤	274000	3128	𘟥	274124
3067	𘟣	272444	3098	𘟤	274000	3129	𘟥	274124
3068	𘟣	272452	3099	𘟤	274000	3130	𘟥	274124
3069	𘟣	272472	3100	𘟤	274000	3131	𘟥	274124
3070	𘟣	272500	3101	𘟤	274000	3132	𘟥	274124
3071	𘟣	272500	3102	𘟤	274000	3133	𘟥	274124
3072	𘟣	272520	3103	𘟤	274000	3134	𘟥	274124
3073	𘟣	272520	3104	𘟤	274100	3135	𘟥	274124
3074	𘟣	272520	3105	𘟤	274100	3136	𘟥	274124
3075	𘟣	272522	3106	𘟤	274100	3137	𘟥	274124
3076	𘟣	272522	3107	𘟤	274100	3138	𘟥	274124
3077	𘟣	272525	3108	𘟤	274100	3139	𘟥	274125
3078	𘟣	272525	3109	𘟤	274100	3140	𘟥	274125
3079	𘟣	272540	3110	𘟤	274100	3141	𘟥	274127

3142	𗧮	274127	3173	𗧮	274170	3204	𗧮	274220
3143	𗧮	274127	3174	𗧮	274172	3205	𗧮	274220
3144	𗧮	274127	3175	𗧮	274172	3206	𗧮	274221
3145	𗧮	274127	3176	𗧮	274172	3207	𗧮	274222
3146	𗧮	274140	3177	𗧮	274174	3208	𗧮	274222
3147	𗧮	274140	3178	𗧮	274200	3209	𗧮	274222
3148	𗧮	274140	3179	𗧮	274200	3210	𗧮	274222
3149	𗧮	274140	3180	𗧮	274200	3211	𗧮	274222
3150	𗧮	274140	3181	𗧮	274200	3212	𗧮	274222
3151	𗧮	274140	3182	𗧮	274200	3213	𗧮	274222
3152	𗧮	274140	3183	𗧮	274200	3214	𗧮	274222
3153	𗧮	274140	3184	𗧮	274200	3215	𗧮	274222
3154	𗧮	274141	3185	𗧮	274200	3216	𗧮	274222
3155	𗧮	274142	3186	𗧮	274200	3217	𗧮	274222
3156	𗧮	274142	3187	𗧮	274200	3218	𗧮	274222
3157	𗧮	274142	3188	𗧮	274220	3219	𗧮	274222
3158	𗧮	274142	3189	𗧮	274220	3220	𗧮	274222
3159	𗧮	274142	3190	𗧮	274220	3221	𗧮	274222
3160	𗧮	274142	3191	𗧮	274220	3222	𗧮	274222
3161	𗧮	274142	3192	𗧮	274220	3223	𗧮	274222
3162	𗧮	274142	3193	𗧮	274220	3224	𗧮	274222
3163	𗧮	274144	3194	𗧮	274220	3225	𗧮	274224
3164	𗧮	274144	3195	𗧮	274220	3226	𗧮	274224
3165	𗧮	274144	3196	𗧮	274220	3227	𗧮	274224
3166	𗧮	274144	3197	𗧮	274220	3228	𗧮	274224
3167	𗧮	274150	3198	𗧮	274220	3229	𗧮	274224
3168	𗧮	274150	3199	𗧮	274220	3230	𗧮	274224
3169	𗧮	274150	3200	𗧮	274220	3231	𗧮	274224
3170	𗧮	274150	3201	𗧮	274220	3232	𗧮	214224
3171	𗧮	274150	3202	𗧮	274220	3233	𗧮	274225
3172	𗧮	274152	3203	𗧮	274220	3234	𗧮	274225

3235	󰀀	274225	3266	󰀀	274280	3297	󰀀	274400
3236	󰀀	274228	3267	󰀀	274290	3298	󰀀	274400
3237	󰀀	274240	3268	󰀀	274322	3299	󰀀	274400
3238	󰀀	274240	3269	󰀀	274322	3300	󰀀	274400
3239	󰀀	274240	3270	󰀀	274342	3301	󰀀	274400
3240	󰀀	274240	3271	󰀀	274342	3302	󰀀	274450
3241	󰀀	274240	3272	󰀀	274400	3303	󰀀	274420
3242	󰀀	274240	3273	󰀀	274400	3304	󰀀	274420
3243	󰀀	274240	3274	󰀀	274400	3305	󰀀	274420
3244	󰀀	274241	3275	󰀀	274400	3306	󰀀	274420
3245	󰀀	274242	3276	󰀀	274400	3307	󰀀	274420
3246	󰀀	274242	3277	󰀀	274400	3308	󰀀	274420
3247	󰀀	274242	3278	󰀀	274400	3309	󰀀	274420
3248	󰀀	274242	3279	󰀀	274400	3310	󰀀	274420
3249	󰀀	274242	3280	󰀀	274400	3311	󰀀	274420
3250	󰀀	274242	3281	󰀀	274400	3312	󰀀	274420
3251	󰀀	274252	3282	󰀀	274400	3313	󰀀	274422
3252	󰀀	274242	3283	󰀀	274400	3314	󰀀	274422
3253	󰀀	274244	3284	󰀀	274400	3315	󰀀	274422
3254	󰀀	274244	3285	󰀀	274400	3316	󰀀	274422
3255	󰀀	274244	3286	󰀀	214400	3317	󰀀	274422
3256	󰀀	274244	3287	󰀀	274400	3318	󰀀	274422
3257	󰀀	274244	3288	󰀀	274400	3319	󰀀	274422
3258	󰀀	274254	3289	󰀀	274400	3320	󰀀	274422
3259	󰀀	274270	3290	󰀀	274400	3321	󰀀	274422
3260	󰀀	274272	3291	󰀀	274400	3322	󰀀	274422
3261	󰀀	274274	3292	󰀀	274400	3323	󰀀	274422
3262	󰀀	274274	3293	󰀀	274400	3324	󰀀	274422
3263	󰀀	274274	3294	󰀀	274400	3325	󰀀	274424
3264	󰀀	274274	3295	󰀀	274400	3326	󰀀	274425
3265	󰀀	274280	3296	󰀀	274400	3327	󰀀	274425

3328	𗲨	274425		3359	𗲩	274490		3390	𗲪	274900
3329	𗲫	274440		3360	𗲬	274500		3391	𗲭	275000
3330	𗲮	274440		3361	𗲯	274500		3392	𗲰	275140
3331	𗲱	274440		3362	𗲲	274500		3393	𗲳	275150
3332	𗲴	274440		3363	𗲵	274520		3394	𗲶	275150
3333	𗲷	274440		3364	𗲸	274520		3395	𗲹	275450
3334	𗲺	274440		3365	𗲻	274520		3396	𗲼	275500
3335	𗲽	274440		3366	𗲾	274520		3397	𗲿	277124
3336	𗳀	274440		3367	𗳁	274522		3398	𗳂	277142
3337	𗳃	274440		3368	𗳄	274522		3399	𗳅	277142
3338	𗳆	274440		3369	𗳇	274525		3400	𗳈	277142
3339	𗳉	274440		3370	𗳊	274525		3401	𗳋	277220
3340	𗳌	224441		3371	𗳍	274525		3402	𗳎	277220
3341	𗳏	274442		3372	𗳐	274525		3403	𗳑	277220
3342	𗳒	274442		3373	𗳓	274540		3404	𗳔	277222
3343	𗳕	274442		3374	𗳖	274540		3405	𗳗	277222
3344	𗳘	274442		3375	𗳙	274542		3406	𗳚	277228
3345	𗳛	274444		3376	𗳜	274542		3407	𗳝	277240
3346	𗳞	274444		3377	𗳟	274545		3408	𗳠	277242
3347	𗳡	274444		3378	𗳢	274545		3409	𗳣	277244
3348	𗳤	274444		3379	𗳥	274545		3410	𗳦	277244
3349	𗳧	274450		3380	𗳨	274545		3411	𗳩	277250
3350	𗳪	274450		3381	𗳫	274550		3412	𗳬	277400
3351	𗳭	274450		3382	𗳮	274550		3413	𗳯	277400
3352	𗳰	274455		3383	𗳱	274555		3414	𗳲	277420
3353	𗳳	274455		3384	𗳴	274555		3415	𗳵	277420
3354	𗳶	274455		3385	𗳷	274570		3416	𗳸	277440
3355	𗳹	274455		3386	𗳺	274574		3417	𗳻	277442
3356	𗳼	274470		3387	𗳽	274574		3418	𗳾	277442
3357	𗳿	274470		3388	𗴀	274620		3419	𗴁	277442
3358	𗴂	274472		3389	𗴃	274900		3420	𗴄	277450

3421	𘟤	277472	3452	𘟤	280122	3483	𘟤	280400
3422	𘟤	277522	3453	𘟤	280122	3484	𘟤	280400
3423	𘟤	277540	3454	𘟤	280122	3485	𘟤	280400
3424	𘟤	277540	3455	𘟤	280122	3486	𘟤	280420
3425	𘟤	277542	3456	𘟤	280124	3487	𘟤	280420
3426	𘟤	277542	3457	𘟤	280124	3488	𘟤	280420
3427	𘟤	277545	3458	𘟤	280124	3489	𘟤	280420
3428	𘟤	277550	3459	𘟤	280124	3490	𘟤	280420
3429	𘟤	278120	3460	𘟤	280124	3491	𘟤	280420
3430	𘟤	278120	3461	𘟤	280127	3492	𘟤	280420
3431	𘟤	278124	3462	𘟤	280127	3493	𘟤	280420
3432	𘟤	278200	3463	𘟤	280127	3494	𘟤	280420
3433	𘟤	278220	3464	𘟤	280127	3495	𘟤	280420
3434	𘟤	278220	3465	𘟤	280142	3496	𘟤	280422
3435	𘟤	278420	3466	𘟤	280142	3497	𘟤	280422
3436	𘟤	278420	3467	𘟤	280142	3498	𘟤	280422
3437	𘟤	278420	3468	𘟤	280144	3499	𘟤	280422
3438	𘟤	278420	3469	𘟤	280151	3500	𘟤	280422
3439	𘟤	278420	3470	𘟤	280152	3501	𘟤	280422
3440	𘟤	278420	3471	𘟤	280200	3502	𘟤	280424
3441	𘟤	278422	3472	𘟤	280220	3503	𘟤	280424
3442	𘟤	278520	3473	𘟤	280222	3504	𘟤	280424
3443	𘟤	278520	3474	𘟤	280222	3505	𘟤	280425
3444	𘟤	279141	3475	𘟤	280222	3506	𘟤	280440
3445	𘟤	279200	3476	𘟤	280222	3507	𘟤	280440
3446	𘟤	279400	3477	𘟤	280224	3508	𘟤	280440
3447	𘟤	279441	3478	𘟤	280225	3509	𘟤	280442
3448	𘟤	279500	3479	𘟤	280225	3510	𘟤	280444
3449	𘟤	280120	3480	𘟤	280225	3511	𘟤	280445
3450	𘟤	280120	3481	𘟤	280254	3512	𘟤	280450
3451	𘟤	280122	3482	𘟤	280274	3513	𘟤	280450

3514	膕	280452	3545	偮	282420	3576	縋	284122
3515	辪	280455	3546	傚	282422	3577	縊	284122
3516	屏	280515	3547	祇	282422	3578	縋	284122
3517	㡩	280525	3548	祇	282422	3579	縋	284122
3518	㠯	280542	3549	祇	282422	3580	縋	284124
3519	㠯	280545	3550	祇	282440	3581	縋	284124
3520	璽	281000	3551	皈	282442	3582	縋	284124
3521	蘁	281140	3552	皈	282442	3583	縋	284124
3522	龢	281220	3553	皈	282444	3584	縋	284124
3523	龍	282112	3554	竿	282500	3585	縋	284124
3524	龍	282120	3555	篇	282525	3586	縋	284127
3525	儱	282122	3556	爛	282542	3587	縋	284127
3526	儱	282125	3557	爛	282545	3588	縋	284127
3527	縋	282140	3558	逤	284000	3589	縋	284129
3528	縋	282140	3559	辺	284000	3590	縋	284140
3529	縋	282142	3560	辺	284000	3591	縋	284140
3530	縋	282142	3561	迬	284000	3592	縋	284140
3531	縋	282144	3562	逢	284000	3593	縋	284140
3532	縋	282144	3563	遺	284000	3594	縋	284140
3533	縋	282150	3564	邇	284000	3595	縋	284140
3534	弔	282220	3565	縋	284100	3596	縋	284140
3535	彌	282222	3566	縋	284100	3597	縋	284140
3536	彌	282224	3567	縋	284100	3598	縋	284140
3537	彌	282274	3568	縋	284100	3599	縋	284140
3538	俊	282400	3569	縋	284120	3600	縋	284140
3539	弁	282400	3570	縋	284120	3601	縋	284140
3540	殘	282400	3571	縋	284120	3602	縋	284140
3541	殘	282400	3572	縋	284121	3603	縋	284140
3542	殘	282400	3573	縋	284122	3604	縋	284140
3543	殷	282412	3574	縋	284122	3605	縋	284141
3544	祇	282420	3575	縋	284122	3606	縋	284142

3607	燃	284142	3638	繡	284225	3669	綬	284400
3608	燃	284142	3639	纟	284240	3670	纡	284400
3609	纞	284144	3640	纟	284240	3671	纟	284400
3610	纗	284149	3641	纟	284240	3672	綾	284400
3611	纗	284152	3642	纟	284240	3673	綾	284400
3612	纗	284152	3643	纟	284240	3674	纖	284414
3613	纙	284171	3644	絓	284240	3675	煅	284420
3614	絾	284172	3645	纟	284240	3676	纟	284420
3615	絾	284172	3646	纜	284242	3677	纟	284420
3616	纜	284172	3647	纟	284242	3678	纟	284420
3617	絾	284174	3648	絹	284242	3679	纟	284420
3618	纟	284200	3649	絹	284242	3680	綬	284420
3619	纟	284220	3650	絻	284244	3681	纟	284420
3620	紿	284220	3651	絻	284244	3682	綬	284420
3621	絎	284220	3652	纗	284245	3683	纟	284420
3622	緒	284220	3653	絹	284245	3684	纟	284420
3623	緒	284220	3654	纟	284254	3685	纖	284422
3624	緒	284220	3655	絣	284272	3686	纖	284422
3625	緒	284220	3656	絾	284274	3687	纖	284422
3626	絹	284220	3657	絨	284280	3688	纖	284422
3627	縮	284221	3658	綬	284400	3689	纟	284422
3628	縐	284222	3659	綬	284400	3690	綳	284424
3629	繼	284222	3660	綬	284400	3691	絣	284440
3630	縐	284224	3661	綬	284400	3692	纟	284440
3631	縐	284224	3662	纖	284400	3693	緞	284440
3632	縐	284224	3663	綾	284400	3694	綴	284440
3633	縐	284224	3664	綬	284400	3695	綫	284440
3634	縐	284224	3665	綬	284400	3696	纖	284442
3635	縐	284224	3666	綬	284400	3697	纖	284442
3636	繻	284225	3667	綬	284400	3698	纖	284442
3637	繡	284225	3668	綬	284400	3699	皴	284442

编号	字	编码
3700	緓	284442
3701	絣	284442
3702	緻	284444
3703	纙	284444
3704	綾	284444
3705	纚	284444
3706	緞	284450
3707	緞	284450
3708	緻	284450
3709	緻	284450
3710	緩	284470
3711	繡	284471
3712	緞	284472
3713	緞	284472
3714	綴	284472
3715	織	284472
3716	絆	284520
3717	緯	284520
3718	緥	284525
3719	緈	284545
3720	姊	284900
3721	姊	284900
3722	蠚	285000
3723	龍	285100
3724	耗	285154
3725	騂	285220
3726	鈚	285420
3727	鈙	285450
3728	鈹	285452
3729	茫	287100
3730	澁	287120
3731	澁	287122
3732	澁	287124
3733	澧	287140
3734	澧	287141
3735	澁	287152
3736	遙	287240
3737	緖	287252
3738	緖	287252
3739	滌	287274
3740	猕	287420
3741	獻	287422
3742	被	287442
3743	被	287442
3744	緞	287452
3745	雑	287520
3746	雑	287520
3747	橮	287545
3748	獵	288122
3749	獵	288124
3750	獾	288222
3751	猺	288224
3752	狼	288420
3753	狼	288420
3754	獬	288422
3755	絆	289400
3756	骰	289400
3757	滬	290140
3758	滬	290144
3759	滸	290220
3760	緘	290222
3761	緖	290222
3762	緖	290224
3763	沛	290225
3764	隋	290242
3765	肺	290254
3766	沛	290274
3767	隨	290420
3768	憚	290524
3769	憚	290524
3770	鯞	291274
3771	儀	292124
3772	堯	292140
3773	堯	292220
3774	緜	292242
3775	綗	292244
3776	婿	292441
3777	耕	292454
3778	耕	292521
3779	赳	294000
3780	繞	294121
3781	獵	294121
3782	獵	294124
3783	蛐	294127
3784	緯	294140
3785	絡	294144
3786	婧	294220
3787	婧	294220
3788	婧	294220
3789	婧	294222
3790	姝	294225
3791	姝	294225
3792	姝	294225

3793	綃	294242
3794	繾	294242
3795	綃	294244
3796	綃	294271
3797	綃	294274
3798	綃	294274
3799	綃	294274
3800	綃	294274
3801	綃	294274
3802	綃	294274
3803	綫	294400
3804	綫	294440
3805	縑	294540
3806	縑	294544
3807	縑	294574
3808	縑	294574
3809	綃	294271
3810	絣	295254
3811	繼	297242
3812	虎	302121
3813	虎	302121
3814	虎	302122
3815	虎	302124
3816	虎	302140
3817	虎	302141
3818	虎	302220
3819	虎	302220
3820	席	302222
3821	虎	302222
3822	虎	302240
3823	虎	302400
3824	虎	302400
3825	虎	302420
3826	虎	302420
3827	虎	302420
3828	虎	302422
3829	虎	302422
3830	席	302900
3831	爽	304000
3832	爽	304000
3833	爽	304140
3834	爽	304200
3835	爽	304400
3836	刊	305200
3837	瓶	307120
3838	瓶	307125
3839	瓶	307220
3840	瓶	307400
3841	瓶	307520
3842	龍	312120
3843	龍	312120
3844	龍	312121
3845	龍	312122
3846	龍	312125
3847	龍	312122
3848	龍	312124
3849	龍	312124
3850	龍	312124
3851	龍	312124
3852	龍	312140
3853	龍	312144
3854	龍	312150
3855	龍	312170
3856	龍	312170
3857	龍	312224
3858	龍	312242
3859	龍	312400
3860	龍	312420
3861	龍	312422
3862	龍	312422
3863	龍	312424
3864	龍	312442
3865	龍	312522
3866	龍	312622
3867	龍	314120
3868	龍	314121
3869	龍	314122
3870	龍	314125
3871	龍	314142
3872	龍	314142
3873	龍	314220
3874	龍	314222
3875	龍	314224
3876	龍	314240
3877	龍	314242
3878	龍	314242
3879	龍	314440
3880	龍	314444
3881	龍	314520
3882	龍	314522
3883	龍	314525
3884	龍	314940
3885	龍	312124

3886	穖	322124	3917	羢	334170	3948	燒	372142
3887	詺	322420	3918	效	334400	3949	覢	372145
3888	譠	322420	3919	波	334420	3950	諭	372222
3889	骰	322420	3920	狹	334422	3951	彭	372240
3890	核	322421	3921	較	335400	3952	膨	372240
3891	航	322422	3922	諓	342121	3953	彭	372240
3892	紙	322422	3923	諓	342122	3954	彭	372240
3893	悁	322422	3924	誅	342124	3955	膌	372242
3894	庲	322440	3925	諥	342124	3956	骰	372250
3895	燚	324400	3926	諥	342124	3957	髵	372290
3896	皎	324420	3927	諓	342124	3958	庭	372400
3897	燚	324420	3928	諺	342124	3959	膨	372420
3898	嫩	324422	3929	觘	342157	3960	骰	372420
3899	嫩	324422	3930	諧	342170	3961	穮	372421
3900	皷	324422	3931	尢	344120	3962	膠	372440
3901	斜	324424	3932	尨	344122	3963	祥	372520
3902	嫩	324490	3933	并	344140	3964	補	372524
3903	較	325400	3934	兟	344140	3965	瓤	374120
3904	諗	332124	3935	效	344270	3966	瓤	374124
3905	庀	332150	3936	龹	345122	3967	瓤	374124
3906	諭	332222	3937	齓	352142	3968	瓤	374124
3907	覍	332400	3938	憐	352527	3969	瓤	374140
3908	技	332420	3939	鄰	352547	3970	彭	374200
3909	皷	332420	3940	囊	354140	3971	彭	374200
3910	皷	332420	3941	襲	354200	3972	靮	374220
3911	皷	332420	3942	毳	357140	3973	彭	374224
3912	禰	332422	3943	䕃	372120	3974	襫	374240
3913	祅	332427	3944	補	372122	3975	靮	374250
3914	皸	332442	3945	禰	372122	3976	效	374400
3915	蒞	334120	3946	襢	372124	3977	毳	374400
3916	蒞	334122	3947	乿	372142	3978	姤	374422

3979	㷒	374422	4010	㷒	392124	4041	㷒	427400
3980	㷒	374422	4011	㷒	392124	4042	㷒	427420
3981	㷒	374520	4012	㷒	392224	4043	㷒	427472
3982	㷒	374544	4013	㷒	392224	4044	㷒	430112
3983	㷒	375222	4014	㷒	392244	4045	㷒	430440
3984	㷒	375254	4015	㷒	392420	4046	㷒	437440
3985	㷒	382140	4016	㷒	395225	4047	㷒	440114
3986	㷒	382242	4017	㷒	410111	4048	㷒	442140
3987	㷒	382242	4018	㷒	410112	4049	㷒	442220
3988	㷒	382400	4019	㷒	410112	4050	㷒	442240
3989	㷒	382420	4020	㷒	410112	4051	㷒	447124
3990	㷒	382420	4021	㷒	410440	4052	㷒	447140
3991	㷒	382420	4022	㷒	412112	4053	㷒	447142
3992	㷒	382440	4023	㷒	412121	4054	㷒	452120
3993	㷒	382452	4024	㷒	412122	4055	㷒	452540
3994	㷒	382525	4025	㷒	412125	4056	㷒	470140
3995	㷒	382555	4026	㷒	412145	4057	㷒	470410
3996	㷒	384122	4027	㷒	412150	4058	㷒	470414
3997	㷒	384140	4028	㷒	412151	4059	㷒	470514
3998	㷒	384142	4029	㷒	412400	4060	㷒	472124
3999	㷒	384220	4030	㷒	414122	4061	㷒	472124
4000	㷒	384250	4031	㷒	414900	4062	㷒	472220
4001	㷒	384400	4032	㷒	417122	4063	㷒	472420
4002	㷒	384420	4033	㷒	417280	4064	㷒	472422
4003	㷒	384420	4034	㷒	417440	4065	㷒	474100
4004	㷒	384440	4035	㷒	420412	4066	㷒	474170
4005	㷒	384470	4036	㷒	420414	4067	㷒	474225
4006	㷒	385400	4037	㷒	420440	4068	㷒	474225
4007	㷒	385400	4038	㷒	422120	4069	㷒	474240
4008	㷒	385424	4039	㷒	422425	4070	㷒	474400
4009	㷒	387400	4040	㷒	424440	4071	㷒	474400

编号	字	编码	编号	字	编码	编号	字	编码
4072	蠹	474400	4103	蕪	502122	4134	龘	502142
4073	烝	474420	4104	蕪	502122	4135	蘢	502142
4074	蒸	474422	4105	蕪	502122	4136	蒝	502144
4075	烝	474440	4106	蕪	502124	4137	蘸	502144
4076	蒸	474440	4107	蕪	502124	4138	蒝	502150
4077	栀	477122	4108	蘆	502124	4139	蘸	502150
4078	枟	477200	4109	蔵	502124	4140	蘸	502151
4079	杨	477240	4110	蕊	502124	4141	蘸	502157
4080	樣	477270	4111	蕉	502124	4142	蘸	502170
4081	栩	477272	4112	蕊	502124	4143	艹	502200
4082	栈	477400	4113	蕊	502124	4144	艻	502200
4083	栽	477422	4114	蕪	502124	4145	芇	502200
4084	柈	480242	4115	蕪	502124	4146	荦	502200
4085	帳	482422	4116	蕊	502124	4147	荞	502210
4086	樣	482440	4117	蕊	502124	4148	蒡	502220
4087	楨	482520	4118	蕊	502124	4149	薭	502220
4088	桦	482550	4119	蘿	502124	4150	樽	502222
4089	梔	487120	4120	蘆	502124	4151	蒿	502224
4090	杉	487200	4121	蔵	502124	4152	蒡	502224
4091	核	487400	4122	蘆	502125	4153	蒲	502224
4092	核	487400	4123	蘆	502127	4154	黃	502240
4093	蠹	501000	4124	蕪	502140	4155	薽	502240
4094	蠡	501100	4125	蒝	502140	4156	蓟	502242
4095	艼	502100	4126	蕪	502140	4157	蓼	502242
4096	芫	502100	4127	蔵	502140	4158	蘸	502244
4097	荸	502100	4128	藕	502140	4159	蒲	502244
4098	荑	502120	4129	蘢	502140	4160	蒡	502247
4099	荒	502120	4130	藏	502140	4161	蒡	502250
4100	蓱	502120	4131	蒝	502141	4162	蒡	502254
4101	荒	502120	4132	蒝	502142	4163	茂	502400
4102	蕊	502122	4133	蕪	502142	4164	茂	502400

4165	蒇	502400	4196	蘤	502442	4227	蘶	504120
4166	蒇	502400	4197	蕻	502442	4228	蘶	504120
4167	蒇	502400	4198	蘺	502444	4229	蘶	504120
4168	蒇	502400	4199	蔌	502450	4230	蘶	504120
4169	蒇	502400	4200	蔌	502450	4231	蘶	504121
4170	蔵	502420	4201	蕐	502522	4232	蘶	504121
4171	蔵	502420	4202	蕐	502524	4233	蘶	504121
4172	蔵	502420	4203	蕐	502545	4234	蘶	504122
4173	蔵	502420	4204	蕐	502550	4235	蘶	504122
4174	蔵	502420	4205	蕭	502575	4236	蘶	504122
4175	蔵	502420	4206	芰	504000	4237	蘶	504122
4176	蔵	502420	4207	芰	504000	4238	蘶	504122
4177	蔵	502420	4208	蔓	504000	4239	蘶	504122
4178	蔵	502420	4209	蔓	504000	4240	蘶	504122
4179	蔵	502420	4210	蔓	504000	4241	蘶	504122
4180	蔵	502420	4211	蔓	504000	4242	蘶	504124
4181	蔵	502420	4212	蔹	504000	4243	蘶	504124
4182	蔵	502420	4213	趙	504000	4244	蘶	504140
4183	蔵	502420	4214	莕	504100	4245	蘶	504140
4184	蔵	502422	4215	莕	504100	4246	蘶	504140
4185	蔵	502422	4216	莕	504100	4247	蘶	504140
4186	蔵	502422	4217	莕	504100	4248	蘶	504140
4187	蕱	502424	4218	莕	504100	4249	蘶	504140
4188	蕱	502424	4219	莕	504100	4250	蘶	504140
4189	蘫	502425	4220	莕	504100	4251	蘶	504140
4190	蘫	502427	4221	莕	504100	4252	蘶	504140
4191	蘫	502440	4222	莕	504100	4253	蘶	504140
4192	蕐	502440	4223	莕	504100	4254	莕	504140
4193	蘫	502440	4224	莕	504120	4255	蘶	504140
4194	蘫	502440	4225	莕	504120	4256	蘶	504140
4195	蕐	502440	4226	莕	504120	4257	蘶	504140

4258	蘢	504140	4289	蘛	504220	4320	葵	504400
4259	蘢	504140	4290	蘛	504220	4321	葵	504400
4260	蘢	504141	4291	蘛	504222	4322	葵	504400
4261	蘢	504141	4292	蘛	504222	4323	葵	504400
4262	蘢	504141	4293	蘛	504224	4324	葵	504400
4263	蘢	504141	4294	蘛	504224	4325	葵	504400
4264	蘢	504141	4295	蘛	504222	4326	葵	504400
4265	蘢	504142	4296	蘛	504224	4327	葵	504400
4266	蘢	504142	4297	蘛	504224	4328	葵	504400
4267	蘢	504144	4298	蘛	504225	4329	葵	504400
4268	蘢	504144	4299	蘛	504225	4330	葵	504400
4269	蘢	504144	4300	蘛	504240	4331	葵	504400
4270	蘢	504145	4301	蘛	504240	4332	葵	504400
4271	蘢	504150	4302	蘛	504240	4333	葵	504400
4272	蘢	504150	4303	蘛	504240	4334	葵	504400
4273	蘢	504152	4304	蘛	504240	4335	葵	504400
4274	芗	504200	4305	蘛	504240	4336	葵	504400
4275	芗	504200	4306	蘛	504242	4337	葵	504400
4276	芗	504200	4307	荊	504242	4338	葵	504400
4277	芗	504200	4308	蘛	504244	4339	葵	504400
4278	芗	504200	4309	蘛	504254	4340	藏	504414
4279	芗	504200	4310	蘛	504274	4341	蔵	504414
4280	芗	504200	4311	蘛	504274	4342	藏	504414
4281	芗	504200	4312	蘛	504274	4343	薇	504420
4282	芗	504200	4313	蘛	504274	4344	薇	504420
4283	芗	504200	4314	蘛	504274	4345	薇	504420
4284	芗	504200	4315	茇	504400	4346	薇	504420
4285	蘛	504220	4316	茇	504400	4347	薇	504420
4286	蘛	504220	4317	茇	504400	4348	薇	504420
4287	蘛	504220	4318	茇	504400	4349	薇	504420
4288	蘛	504220	4319	茇	504400	4350	薇	504420

4351	𘟣	504420	4382	𘟣	504900	4413	𘟣	507400
4352	𘟣	504420	4383	𘟣	505000	4414	𘟣	507400
4353	𘟣	504420	4384	𘟣	505120	4415	𘟣	507440
4354	𘟣	504420	4385	𘟣	505120	4416	𘟣	507440
4355	𘟣	504420	4386	𘟣	505122	4417	𘟣	507442
4356	𘟣	504420	4387	𘟣	505152	4418	𘟣	507442
4357	𘟣	504422	4388	𘟣	505152	4419	𘟣	507444
4358	𘟣	504422	4389	𘟣	505154	4420	𘟣	507452
4359	𘟣	504422	4390	𘟣	505154	4421	𘟣	507550
4360	𘟣	504422	4391	𘟣	505154	4422	𘟣	507550
4361	𘟣	504424	4392	𘟣	505222	4423	𘟣	508200
4362	𘟣	504440	4393	𘟣	505222	4424	𘟣	508420
4363	𘟣	504440	4394	𘟣	505225	4425	𘟣	509000
4364	𘟣	504440	4395	𘟣	505254	4426	𘟣	509000
4365	𘟣	504440	4396	𘟣	505400	4427	𘟣	509400
4366	𘟣	504440	4397	𘟣	505422	4428	𘟣	509400
4367	𘟣	504440	4398	𘟣	505450	4429	𘟣	509400
4368	𘟣	504440	4399	𘟣	505450	4430	𘟣	514120
4369	𘟣	504440	4400	𘟣	505500	4431	𘟣	514242
4370	𘟣	504470	4401	𘟣	505520	4432	𘟣	515120
4371	𘟣	504474	4402	𘟣	505540	4433	𘟣	517142
4372	𘟣	504500	4403	𘟣	505570	4434	𘟣	517150
4373	𘟣	504520	4404	𘟣	505920	4435	𘟣	517151
4374	𘟣	504520	4405	𘟣	507100	4436	𘟣	517242
4375	𘟣	504520	4406	𘟣	507124	4437	𘟣	517252
4376	𘟣	504522	4407	𘟣	507140	4438	𘟣	517454
4377	𘟣	504525	4408	𘟣	507140	4439	𘟣	519220
4378	𘟣	504525	4409	𘟣	507142	4440	𘟣	520400
4379	𘟣	504545	4410	𘟣	507145	4441	𘟣	522425
4380	𘟣	504575	4411	𘟣	507240	4442	𘟣	522450
4381	𘟣	504575	4412	𘟣	507242	4443	𘟣	527422

4444	辮	527450	4475	薇	602422	4506	屍	712124
4445	蒜	529420	4476	蘩	602450	4507	庑	712140
4446	夢	534220	4477	蘩	602452	4508	庀	712140
4447	韃	539400	4478	芠	604000	4509	庀	712140
4448	耗	547152	4479	芠	604000	4510	庀	712140
4449	耗	549100	4480	蘿	604100	4511	瓱	712142
4450	耕	550220	4481	蘿	604120	4512	瓱	712142
4451	耕	572222	4482	蘿	604120	4513	瓱	712142
4452	穫	574422	4483	蘿	604120	4514	瓱	712142
4453	耕	574440	4484	蘿	604120	4515	瓱	712142
4454	穠	579140	4485	蘿	604142	4516	瓱	712144
4455	穀	579240	4486	蘿	604142	4517	瓱	712144
4456	穀	579400	4487	葬	604200	4518	瓱	712144
4457	穀	579400	4488	蕭	604222	4519	瓱	712145
4458	耤	580274	4489	蘄	604222	4520	瓱	712145
4459	拨	580400	4490	蘄	604270	4521	瓱	712145
4460	報	580420	4491	蕪	604322	4522	瓱	712145
4461	觠	584124	4492	葰	604400	4523	瓱	712147
4462	殼	584420	4493	葰	604400	4524	尾	712150
4463	糯	587152	4494	蕝	604420	4525	尾	712150
4464	穀	587450	4495	蕝	604420	4526	尾	712152
4465	穀	587452	4496	蕝	604440	4527	屍	712172
4466	猴	588422	4497	蕨	605140	4528	屛	712220
4467	龍	589121	4498	菽	605400	4529	屠	712240
4468	龖	594144	4499	蘆	607100	4530	屜	712242
4469	龖	602121	4500	菱	607400	4531	屜	712242
4470	藿	602140	4501	藏	608122	4532	屛	712242
4471	蔬	602142	4502	菱	608420	4533	屠	712242
4472	蒴	602242	4503	散	682450	4534	屠	712242
4473	菽	602420	4504	辭	682452	4535	屩	712244
4474	毅	602420	4505	尨	712120	4536	屩	712244

4537	屝	712252
4538	㖊	712272
4539	屚	712274
4540	㠗	712400
4541	㕇	712440
4542	㠼	712440
4543	㕒	712442
4544	㕚	712442
4545	㠷	712442
4546	㠶	712442
4547	㠴	712444
4548	㕅	712450
4549	㕋	712455
4550	㠳	712474
4551	㠵	712542
4552	㠫	712545
4553	㠬	712545
4554	屛	712550
4555	㖗	714140
4556	㖘	714140
4557	㖙	714440
4558	尻	715000
4559	㓘	722124
4560	㓙	722170
4561	㓚	722440
4562	㓛	722442
4563	㓜	722444
4564	㓝	722445
4565	㓞	722455
4566	叫	725000
4567	嘿	725000

4568	㕹	732140
4569	㕺	732142
4570	㕻	732245
4571	㕼	732440
4572	㕽	732442
4573	㕾	732442
4574	㕿	732442
4575	㖀	732442
4576	㖁	732444
4577	㖂	732444
4578	㖃	732542
4579	㓟	742140
4580	㓠	742142
4581	㓡	742142
4582	㓢	742142
4583	㓣	742144
4584	㓤	742144
4585	㓥	742145
4586	㓦	742242
4587	㖄	752242
4588	㖅	752444
4589	㖆	752547
4590	㖇	752547
4591	㖈	752557
4592	㖉	762140
4593	㖊	762144
4594	㖋	772121
4595	园	772140
4596	㖌	772142
4597	㖍	772142
4598	㖎	772144

4599	㖏	772144
4600	㖐	772144
4601	隆	772147
4602	囩	772240
4603	㖑	772240
4604	㖒	772242
4605	㖓	772242
4606	㖔	772242
4607	㖕	772242
4608	㖖	772247
4609	㖗	772250
4610	㖘	772342
4611	㖙	772440
4612	㖚	772440
4613	㖛	772440
4614	㖜	772442
4615	㖝	772442
4616	㖞	772442
4617	㖟	772444
4618	㖠	772444
4619	㖡	772444
4620	㖢	772444
4621	㖣	772540
4622	㖤	772542
4623	㖥	772544
4624	㖦	772545
4625	㖧	772545
4626	㖨	772942
4627	㖩	774142
4628	㖪	774142
4629	㖫	774240

编号	字	码	编号	字	码	编号	字	码
4630	夒	774400	4661	鬏	784244	4692	虤	802124
4631	鞍	774440	4662	鬏	784442	4693	虤	802124
4632	鞭	774442	4663	鬣	784442	4694	虠	802124
4633	叕	775000	4664	鬟	785000	4695	虠	802124
4634	鼗	775121	4665	靴	785120	4696	虠	802124
4635	阯	782140	4666	踳	785250	4697	虠	802124
4636	阯	782140	4667	陼	792242	4698	虣	802124
4637	陬	782141	4668	陼	792244	4699	虣	802124
4638	阰	782242	4669	陯	794245	4700	虤	802124
4639	阰	782242	4670	隸	794544	4701	虤	802124
4640	阡	782242	4671	隺	795220	4702	虤	802124
4641	阱	782242	4672	隹	801000	4703	虥	802124
4642	阢	782244	4673	隹	801000	4704	虥	802124
4643	阤	782244	4674	隼	802000	4705	虤	802124
4644	陊	782244	4675	隻	802100	4706	虤	802125
4645	陊	782244	4676	隻	802100	4707	虢	802140
4646	陊	782244	4677	雀	802120	4708	虢	802140
4647	陬	782245	4678	雀	802120	4709	虢	802140
4648	阸	782420	4679	雀	802120	4710	虡	802140
4649	阩	782440	4680	雀	802120	4711	虞	802140
4650	陂	782440	4681	虎	802122	4712	虣	802140
4651	陂	782440	4682	虎	802122	4713	虣	802140
4652	陂	782440	4683	虎	802122	4714	虣	802140
4653	陂	782442	4684	虎	802122	4715	虣	802140
4654	陵	782442	4685	虎	802122	4716	虣	802140
4655	阡	782442	4686	虤	802122	4717	虤	802140
4656	陜	782444	4687	虥	802122	4718	虤	802141
4657	陫	782542	4688	虥	802122	4719	虤	802142
4658	陫	782545	4689	虥	802122	4720	虤	802142
4659	靴	784142	4690	虤	802124	4721	虤	802142
4660	鬏	784244	4691	虤	802124	4722	虤	802142

4723	𗫯	802142	4754	𗫯	802222	4785	𗫯	802242
4724	𗫯	802142	4755	𗫯	802222	4786	𗫯	802242
4725	𗫯	802144	4756	𗫯	802224	4787	𗫯	802247
4726	𗫯	802144	4757	𗫯	802224	4788	𗫯	802250
4727	𗫯	802145	4758	𗫯	802224	4789	𗫯	802250
4728	𗫯	802150	4759	𗫯	802224	4790	𗫯	802252
4729	𗫯	802150	4760	𗫯	802224	4791	𗫯	802252
4730	𗫯	802150	4761	𗫯	802224	4792	𗫯	802254
4731	𗫯	802150	4762	𗫯	802224	4793	𗫯	802255
4732	𗫯	802152	4763	𗫯	802224	4794	𗫯	802255
4733	𗫯	802152	4764	𗫯	802224	4795	𗫯	802400
4734	𗫯	802152	4765	𗫯	802225	4796	𗫯	802400
4735	𗫯	802152	4766	𗫯	802225	4797	𗫯	802400
4736	𗫯	802154	4767	𗫯	802227	4798	𗫯	802400
4737	𗫯	802154	4768	𗫯	802224	4799	𗫯	802400
4738	𗫯	802170	4769	𗫯	802228	4800	𗫯	802400
4739	𗫯	802190	4770	𗫯	802240	4801	𗫯	802400
4740	𗫯	802190	4771	𗫯	802240	4802	𗫯	802400
4741	𗫯	802200	4772	𗫯	802240	4803	𗫯	802420
4742	𗫯	802210	4773	𗫯	802240	4804	𗫯	802420
4743	𗫯	802220	4774	𗫯	802240	4805	𗫯	802420
4744	𗫯	802220	4775	𗫯	802240	4806	𗫯	802420
4745	𗫯	802220	4776	𗫯	802240	4807	𗫯	802420
4746	𗫯	802221	4777	𗫯	802240	4808	𗫯	802420
4747	𗫯	802222	4778	𗫯	802240	4809	𗫯	802420
4748	𗫯	802222	4779	𗫯	802240	4810	𗫯	802420
4749	𗫯	802222	4780	𗫯	802240	4811	𗫯	802420
4750	𗫯	802222	4781	𗫯	802240	4812	𗫯	802420
4751	𗫯	802222	4782	𗫯	802242	4813	𗫯	802420
4752	𗫯	802222	4783	𗫯	802242	4814	𗫯	802420
4753	𗫯	802222	4784	𗫯	802242	4815	𗫯	802420

4816	霰	802420
4817	護	802420
4818	痛	802421
4819	痕	802422
4820	痕	802422
4821	癖	802422
4822	痕	802422
4823	痳	802422
4824	痳	802422
4825	痲	802422
4826	痲	802422
4827	痲	802422
4828	痲	802424
4829	痲	802440
4830	痲	802440
4831	癜	802442
4832	癜	802442
4833	癘	802442
4834	癢	802442
4835	癢	802444
4836	痩	802450
4837	癢	802450
4838	癢	802450
4839	癢	802450
4840	癨	802452
4841	羊	802500
4842	羊	802500
4843	羞	802522
4844	羞	802522
4845	羞	802522
4846	羞	802522

4847	樨	802524
4848	羞	802525
4849	羞	802525
4850	羞	802525
4851	辭	802527
4852	羞	802550
4853	羞	802574
4854	羞	802575
4855	夊	804000
4856	夌	804000
4857	夌	804000
4858	夌	804000
4859	夌	804000
4860	夌	804000
4861	夌	804000
4862	夌	804000
4863	夌	804000
4864	夌	804000
4865	龙	804100
4866	龙	804100
4867	龙	804100
4868	龙	804100
4869	龙	804100
4870	龙	804100
4871	龙	804100
4872	龙	804100
4873	龙	804100
4874	龙	804100
4875	龙	804100
4876	龙	804100
4877	龙	804100

4878	龙	804100
4879	龙	804100
4880	龙	804100
4881	龙	804110
4882	龙	804110
4883	龙	804110
4884	龙	804120
4885	龙	804120
4886	龙	804120
4887	龙	804120
4888	龙	804120
4889	龙	804120
4890	龙	804120
4891	龙	804120
4892	龙	804121
4893	龙	804122
4894	龙	804122
4895	龙	804122
4896	龙	804122
4897	龙	804122
4898	龙	804122
4899	龙	804124
4900	龙	804124
4901	龙	804140
4902	龙	804140
4903	龙	804140
4904	龙	804140
4905	龙	804140
4906	龙	804140
4907	龙	804140
4908	龙	804140

4909	爎	804140	4940	豩	804240	4971	豯	804420
4910	龘	804141	4941	豩	804240	4972	豵	804420
4911	蕀	804141	4942	骱	804244	4973	豨	804420
4912	蕤	804141	4943	豩	804270	4974	豦	804420
4913	虪	804142	4944	獄	804270	4975	豩	804420
4914	虪	804144	4945	豩	804280	4976	豩	804420
4915	虪	804144	4946	关	804300	4977	豩	804420
4916	虪	804144	4947	乑	804400	4978	豨	804420
4917	虪	804144	4948	羋	804400	4979	豩	804420
4918	蘸	804150	4949	獲	804400	4980	豵	804420
4919	蘸	804150	4950	焱	804400	4981	豩	804420
4920	蘸	804170	4951	焱	804400	4982	豩	804420
4921	育	804214	4952	豩	804400	4983	豩	804420
4922	育	804220	4953	豩	804400	4984	豩	804422
4923	育	804220	4954	豩	804400	4985	豩	804422
4924	育	804220	4955	焱	804400	4986	豩	804422
4925	育	804220	4956	豩	804400	4987	豩	804425
4926	育	804220	4957	豩	804400	4988	豩	804427
4927	育	804220	4958	豩	804400	4989	豩	804440
4928	甪	804220	4959	豩	804400	4990	豩	804440
4929	甪	804220	4960	豩	804400	4991	豩	804440
4930	甪	804220	4961	豩	804400	4992	豩	804440
4931	狢	804222	4962	豩	804400	4993	豩	804440
4932	狢	804222	4963	豩	804400	4994	豩	804440
4933	豩	804224	4964	狡	804400	4995	豩	804440
4934	豩	804224	4965	豩	804400	4996	豩	804440
4935	豩	804224	4966	豩	804400	4997	豩	804440
4936	豩	804225	4967	豩	804400	4998	豩	804442
4937	豩	804228	4968	豩	804410	4999	豩	804450
4938	豩	804240	4969	豩	804420	5000	豩	804470
4939	豩	804240	4970	豩	804420	5001	豩	804500

编号	字	码	编号	字	码	编号	字	码
5002	𱎧	804500	5033	𱎧	807145	5064	𱎧	812120
5003	𱎧	804520	5034	𱎧	807200	5065	𱎧	812120
5004	𱎧	804520	5035	𱎧	807225	5066	𱎧	812121
5005	𱎧	804520	5036	𱎧	807240	5067	𱎧	812121
5006	𱎧	804520	5037	𱎧	807240	5068	𱎧	812122
5007	𱎧	804542	5038	𱎧	807240	5069	𱎧	812122
5008	𱎧	804544	5039	𱎧	807240	5070	𱎧	812122
5009	𱎧	804550	5040	𱎧	807240	5071	𱎧	812122
5010	𱎧	804574	5041	𱎧	807400	5072	𱎧	812122
5011	𱎧	804574	5042	𱎧	807420	5073	𱎧	812122
5012	𱎧	804900	5043	𱎧	807441	5074	𱎧	812122
5013	𱎧	804900	5044	𱎧	807442	5075	𱎧	812124
5014	𱎧	805000	5045	𱎧	807442	5076	𱎧	812124
5015	𱎧	805000	5046	𱎧	807442	5077	𱎧	812124
5016	𱎧	805120	5047	𱎧	807450	5078	𱎧	812124
5017	𱎧	805120	5048	𱎧	807520	5079	𱎧	812124
5018	𱎧	805124	5049	𱎧	808124	5080	𱎧	812124
5019	𱎧	805141	5050	𱎧	808224	5081	𱎧	812124
5020	𱎧	805152	5051	𱎧	808420	5082	𱎧	812124
5021	𱎧	805152	5052	𱎧	808920	5083	𱎧	812124
5022	𱎧	805154	5053	𱎧	809000	5084	𱎧	812125
5023	𱎧	805200	5054	𱎧	809000	5085	𱎧	812125
5024	𱎧	805420	5055	𱎧	809100	5086	𱎧	812127
5025	𱎧	805450	5056	𱎧	809100	5087	𱎧	812140
5026	𱎧	805450	5057	𱎧	809200	5088	𱎧	812140
5027	𱎧	805450	5058	𱎧	809220	5089	𱎧	812140
5028	𱎧	805450	5059	𱎧	809400	5090	𱎧	812142
5029	𱎧	805452	5060	𱎧	809400	5091	𱎧	812142
5030	𱎧	805520	5061	𱎧	809520	5092	𱎧	812144
5031	𱎧	807122	5062	𱎧	811000	5093	𱎧	812144
5032	𱎧	807145	5063	𱎧	812112	5094	𱎧	812144

编号	字	编码	编号	字	编码	编号	字	编码
5095	慌	812144	5126	蕲	812242	5157	䶮	814100
5096	㵪	812145	5127	虨	812244	5158	䶮	814100
5097	能	812150	5128	虨	812244	5159	䶮	814100
5098	蘢	812152	5129	滋	812244	5160	䶮	814100
5099	䖏	812170	5130	觧	812250	5161	䶮	814100
5100	䖏	812170	5131	觧	812252	5162	䶮	814100
5101	䖏	812170	5132	觧	812258	5163	䶮	814100
5102	䖏	812170	5133	㤢	812400	5164	䶮	814114
5103	䖏	812170	5134	䭾	812420	5165	䶮	814120
5104	䖏	812170	5135	䥺	812421	5166	䶮	814120
5105	䖏	812170	5136	䪏	812422	5167	䶮	814120
5106	䖏	812170	5137	䩂	812422	5168	䶮	814120
5107	䖏	812170	5138	䪞	812422	5169	䶮	814120
5108	䖏	812170	5139	䭃	812422	5170	䶮	814120
5109	䖏	812170	5140	䪫	812424	5171	䶮	814120
5110	䖏	812170	5141	䪢	812440	5172	䶮	814120
5111	䖏	812170	5142	䪢	812440	5173	䶮	814120
5112	䣤	812220	5143	䬃	812442	5174	䶮	814121
5113	䣤	812220	5144	䭄	812450	5175	䶮	814121
5114	䣤	812222	5145	䭄	812450	5176	䶮	814121
5115	䣤	812222	5146	瓶	812452	5177	䶮	814121
5116	䣤	812222	5147	䬃	812454	5178	䶮	814121
5117	䣤	812222	5148	䬃	812454	5179	䶮	814121
5118	䣤	812222	5149	瓶	812522	5180	䶮	814122
5119	䣤	812224	5150	儒	812221	5181	䶮	814122
5120	䣤	812224	5151	獺	812545	5182	䶮	814122
5121	䣤	812224	5152	獺	812545	5183	䶮	814122
5122	䣤	812224	5153	倂	812545	5184	䶮	814122
5123	䣤	812224	5154	觧	812552	5185	䶮	814124
5124	蕲	812242	5155	觧	812927	5186	䶮	814124
5125	蕲	812242	5156	䶮	814100	5187	䶮	814124

5188	㳄	814124	5219	㲋	814224	5250	㲋	815154
5189	㳄	814140	5220	㲋	814240	5251	㲋	815154
5190	㳄	814140	5221	㲋	814240	5252	㲋	815452
5191	㳄	814140	5222	㲋	814240	5253	㲋	817100
5192	㳄	814140	5223	㲋	814240	5254	㲋	817525
5193	㳄	814140	5224	㲋	814240	5255	㲋	819100
5194	㳄	814140	5225	㲋	814244	5256	㲋	822024
5195	㳄	814140	5226	㲋	814244	5257	㲋	822042
5196	㳄	814140	5227	㲋	814245	5258	㲋	822122
5197	㳄	814141	5228	㲋	814250	5259	㲋	822122
5198	㳄	814141	5229	㲋	814280	5260	㲋	822122
5199	㳄	814141	5230	㲋	814280	5261	㲋	822122
5200	㳄	814141	5231	㲋	814320	5262	㲋	822127
5201	㳄	814142	5232	㲋	814320	5263	㲋	822141
5202	㳄	814142	5233	㲋	814400	5264	㲋	812142
5203	㳄	814142	5234	㲋	814400	5265	㲋	822144
5204	㳄	814144	5235	㲋	814420	5266	㲋	822147
5205	㳄	814144	5236	㲋	814420	5267	㲋	822150
5206	㳄	814151	5237	㲋	814420	5268	㲋	822170
5207	㳄	814152	5238	㲋	814420	5269	㲋	822170
5208	㳄	814170	5239	㲋	814424	5270	㲋	822170
5209	㳄	814175	5240	㲋	814424	5271	㲋	822170
5210	㳄	814220	5241	㲋	814440	5272	㲋	822170
5211	㳄	814220	5242	㲋	814440	5273	㲋	822170
5212	㳄	814222	5243	㲋	814442	5274	㲋	822170
5213	㳄	814222	5244	㲋	814442	5275	㲋	822170
5214	㳄	814222	5245	㲋	814444	5276	㲋	822170
5215	㳄	814224	5246	㲋	814520	5277	㲋	822170
5216	㳄	814224	5247	㲋	814550	5278	㲋	822170
5217	㳄	814224	5248	㲋	814550	5279	㲋	822170
5218	㳄	814224	5249	㲋	815100	5280	㲋	822042

5281	822242	5312	824155	5343	824550
5282	822250	5313	824220	5344	824570
5283	822420	5314	824400	5345	825400
5284	822420	5315	824400	5346	825450
5285	822420	5316	824400	5347	825450
5286	822420	5317	824400	5348	825452
5287	822420	5318	824400	5349	825454
5288	822420	5319	824400	5350	827424
5289	822422	5320	824400	5351	832122
5290	822422	5321	824420	5352	832122
5291	822424	5322	824420	5353	832124
5292	822425	5323	824420	5354	832142
5293	822427	5324	824420	5355	832142
5294	822440	5325	824420	5356	832142
5295	822440	5326	824422	5357	832170
5296	822440	5327	824422	5358	832170
5297	822450	5328	824422	5359	832170
5298	824000	5329	824422	5360	832170
5299	824000	5330	824422	5361	832170
5300	824020	5331	824424	5362	832170
5301	824022	5332	824425	5363	832420
5302	824024	5333	824440	5364	832420
5303	824050	5334	824440	5365	832422
5304	824052	5335	824440	5366	832440
5305	824055	5336	824440	5367	832442
5306	824080	5337	824440	5368	832442
5307	824080	5338	824440	5369	832452
5308	824100	5339	824441	5370	834100
5309	824117	5340	824444	5371	834100
5310	824121	5341	824455	5372	834120
5311	824121	5342	824472	5373	834120

5374	莊	834120	5405	雉	834525	5436	匙	844100
5375	莊	834122	5406	雉	834525	5437	匙	844114
5376	莊	834140	5407	敎	835400	5438	匙	844120
5377	莊	834142	5408	敎	835400	5439	匙	844120
5378	莊	834152	5409	敝	837442	5440	匙	844122
5379	莊	834170	5410	甈	841122	5441	匙	844122
5380	莊	834200	5411	尬	842120	5442	匙	844122
5381	莊	834220	5412	尬	842122	5443	匙	844122
5382	莊	834220	5413	尬	842122	5444	匙	844124
5383	莊	834220	5414	尬	842122	5445	匙	844125
5384	莊	834220	5415	尬	842122	5446	匙	844140
5385	莊	834242	5416	尬	842122	5447	匙	844140
5386	效	834400	5417	尬	842122	5448	匙	844140
5387	效	834400	5418	尬	842122	5449	匙	844140
5388	效	834400	5419	尬	842124	5450	匙	844140
5389	效	834400	5420	尬	842124	5451	匙	844140
5390	效	834400	5421	尬	842125	5452	匙	844142
5391	效	834400	5422	尬	842125	5453	匙	844142
5392	效	834400	5423	尬	842140	5454	匙	844142
5393	效	834400	5424	尬	842140	5455	匙	844144
5394	效	834420	5425	尬	842142	5456	匙	844144
5395	效	834420	5426	尬	842142	5457	匙	844150
5396	效	834420	5427	尬	842144	5458	匙	844150
5397	效	834420	5428	尬	842154	5459	匙	844224
5398	效	834420	5429	尬	842154	5460	匙	844274
5399	效	834422	5430	尬	842154	5461	匙	844900
5400	散	834440	5431	尬	842170	5462	匙	852122
5401	散	834442	5432	尬	842170	5463	匙	852142
5402	散	834442	5433	匙	844100	5464	匙	852150
5403	莊	834500	5434	匙	844100	5465	匙	852222
5404	雉	834520	5435	匙	844100	5466	匙	852224

5467	𘉒	852227	5498	𘉒	872122	5529	𘉒	872224
5468	𘉒	852420	5499	𘉒	872124	5530	𘉒	872224
5469	𘉒	852547	5500	𘉒	872124	5531	𘉒	872224
5470	𘉒	852557	5501	𘉒	872140	5532	𘉒	872225
5471	𘉒	852570	5502	𘉒	872140	5533	𘉒	872225
5472	𘉒	854100	5503	𘉒	872142	5534	𘉒	872225
5473	𘉒	854100	5504	𘉒	872142	5535	𘉒	872227
5474	𘉒	854120	5505	𘉒	872142	5536	𘉒	872228
5475	𘉒	854120	5506	𘉒	872147	5537	𘉒	872240
5476	𘉒	854121	5507	𘉒	872150	5538	𘉒	872240
5477	𘉒	854122	5508	𘉒	872151	5539	𘉒	872242
5478	𘉒	854140	5509	𘉒	872170	5540	𘉒	872242
5479	𘉒	854142	5510	𘉒	872170	5541	𘉒	872242
5480	𘉒	854150	5511	𘉒	872170	5542	𘉒	872249
5481	𘉒	854200	5512	𘉒	872170	5543	𘉒	872250
5482	𘉒	854222	5513	𘉒	872170	5544	𘉒	872250
5483	𘉒	854250	5514	𘉒	872170	5545	𘉒	872252
5484	𘉒	854400	5515	𘉒	872170	5546	𘉒	872420
5485	𘉒	854425	5516	𘉒	872170	5547	𘉒	872420
5486	𘉒	854500	5517	𘉒	872170	5548	𘉒	872420
5487	𘉒	854520	5518	𘉒	872170	5549	𘉒	872420
5488	𘉒	854570	5519	𘉒	872170	5550	𘉒	872420
5489	𘉒	854570	5520	𘉒	872170	5551	𘉒	872420
5490	𘉒	871000	5521	𘉒	872170	5552	𘉒	872420
5491	𘉒	871000	5522	𘉒	872220	5553	𘉒	872422
5492	𘉒	871000	5523	𘉒	872220	5554	𘉒	872422
5493	𘉒	871120	5524	𘉒	872222	5555	𘉒	872427
5494	𘉒	871121	5525	𘉒	872222	5556	𘉒	872427
5495	𘉒	871200	5526	𘉒	872222	5557	𘉒	872440
5496	𘉒	872120	5527	𘉒	872222	5558	𘉒	872440
5497	𘉒	872120	5528	𘉒	872224	5559	𘉒	872440

5560	繠	872440	5591	𤣩	874120	5622	𤣩	874220
5561	繠	872440	5592	𤣩	874120	5623	𤣩	874220
5562	繠	872440	5593	𤣩	874120	5624	𤣩	874222
5563	繠	872442	5594	𤣩	874120	5625	𤣩	874222
5564	繠	872442	5595	𤣩	874122	5626	𤣩	874222
5565	繠	872444	5596	𤣩	874122	5627	𤣩	874222
5566	繠	872450	5597	𤣩	874124	5628	𤣩	874222
5567	繠	872450	5598	𤣩	874140	5629	𤣩	874224
5568	繠	872450	5599	𤣩	874140	5630	𤣩	874224
5569	繠	872450	5600	𤣩	874140	5631	𤣩	874224
5570	繠	872520	5601	𤣩	874140	5632	𤣩	874240
5571	繠	872522	5602	𤣩	874144	5633	𤣩	874240
5572	繠	872522	5603	𤣩	874145	5634	𤣩	874240
5573	繠	872522	5604	𤣩	874150	5635	𤣩	874240
5574	繠	872525	5605	𤣩	874150	5636	𤣩	874240
5575	繠	872542	5606	𤣩	874150	5637	𤣩	874240
5576	繠	872542	5607	𤣩	874150	5638	𤣩	874250
5577	繠	872545	5608	𤣩	874170	5639	𤣩	874280
5578	繠	872545	5609	𤣩	874200	5640	𤣩	874400
5579	繠	872920	5610	𤣩	874200	5641	𤣩	874400
5580	繠	874100	5611	𤣩	874200	5642	𤣩	874400
5581	繠	874100	5612	𤣩	874200	5643	𤣩	874400
5582	繠	874100	5613	𤣩	874200	5644	𤣩	874400
5583	繠	874100	5614	𤣩	874200	5645	𤣩	874400
5584	繠	874100	5615	𤣩	874200	5646	𤣩	874400
5585	繠	874100	5616	𤣩	874220	5647	𤣩	874400
5586	繠	874100	5617	𤣩	874220	5648	𤣩	874400
5587	繠	874100	5618	𤣩	874220	5649	𤣩	874400
5588	繠	874120	5619	𤣩	874220	5650	𤣩	874420
5589	繠	874120	5620	𤣩	874220	5651	𤣩	874420
5590	繠	874120	5621	𤣩	874220	5652	𤣩	874420

5653	𘟡	874420	5684	𘟢	874900	5715	𘟣	882422
5654	𘟡	874420	5685	𘟢	874900	5716	𘟣	882440
5655	𘟡	874420	5686	𘟢	874900	5717	𘟣	882442
5656	𘟡	874420	5687	𘟢	874900	5718	𘟣	882450
5657	𘟡	874420	5688	𘟢	875450	5719	𘟣	882450
5658	𘟡	874420	5689	𘟢	875450	5720	𘟣	882452
5659	𘟡	874420	5690	𘟢	877124	5721	𘟣	882525
5660	𘟡	874420	5691	𘟢	877220	5722	𘟣	884121
5661	𘟡	874420	5692	𘟢	882122	5723	𘟣	884121
5662	𘟡	874422	5693	𘟢	882122	5724	𘟣	884121
5663	𘟡	874422	5694	𘟢	882124	5725	𘟣	884122
5664	𘟡	874422	5695	𘟢	882140	5726	𘟣	884122
5665	𘟡	874440	5696	𘟢	882142	5727	𘟣	884124
5666	𘟡	874442	5697	𘟢	882144	5728	𘟣	884140
5667	𘟡	874442	5698	𘟢	882144	5729	𘟣	884140
5668	𘟡	874442	5699	𘟢	882154	5730	𘟣	884140
5669	𘟡	874450	5700	𘟢	882170	5731	𘟣	884140
5670	𘟡	874500	5701	𘟢	882170	5732	𘟣	884142
5671	𘟡	874500	5702	𘟢	882170	5733	𘟣	884142
5672	𘟡	874500	5703	𘟢	882170	5734	𘟣	884152
5673	𘟡	874515	5704	𘟢	882170	5735	𘟣	884200
5674	𘟡	874520	5705	𘟢	882170	5736	𘟣	884220
5675	𘟡	874520	5706	𘟢	882224	5737	𘟣	884220
5676	𘟡	874520	5707	𘟢	882244	5738	𘟣	884222
5677	𘟡	874525	5708	𘟢	882254	5739	𘟣	884224
5678	𘟡	874525	5709	𘟢	882400	5740	𘟣	884224
5679	𘟡	874525	5710	𘟢	882420	5741	𘟣	884240
5680	𘟡	874542	5711	𘟢	882420	5742	𘟣	884240
5681	𘟡	874550	5712	𘟢	882420	5743	𘟣	884240
5682	𘟡	874550	5713	𘟢	882422	5744	𘟣	884250
5683	𘟡	874574	5714	𘟢	882422	5745	𘟣	884272

5746	𣪊	884400	5777	𣫐	885452	5808	殺	902420
5747	𣪊	884400	5778	𣫎	887442	5809	𣫍	902522
5748	𣪋	884400	5779	𣫏	887452	5810	毛	904100
5749	𣪍	884400	5780	𣫢	892170	5811	𣮀	904420
5750	𣪎	884400	5781	𣫢	892170	5812	𣮁	904522
5751	𣪐	884400	5782	𣫥	892224	5813	羊	905000
5752	𣪑	884400	5783	𣫦	892224	5814	𦍌	905500
5753	𣪒	884400	5784	𣫧	892225	5815	𦍋	907240
5754	𣪓	884420	5785	𣫨	892242	5816	𦍩	907442
5755	𣪔	884420	5786	𣫪	892400	5817	甄	912117
5756	𣪕	884420	5787	𣫫	894127	5818	𦓐	912120
5757	𣪖	884420	5788	𣫬	894140	5819	𦓑	912120
5758	𣪗	884420	5789	𣫭	894212	5820	𦓒	912120
5759	𣪘	884420	5790	𣫮	894220	5821	𦓓	912122
5760	𣪙	884420	5791	𣫯	894220	5822	𦓔	912124
5761	𣪚	884420	5792	𣫰	894222	5823	𦓕	912124
5762	𣪛	884422	5793	𣫱	894224	5824	𦓖	912124
5763	𣪜	884440	5794	𣫲	894224	5825	𦓗	912152
5764	𣪝	884440	5795	𣫳	894225	5826	𦓘	912170
5765	𣪞	884440	5796	𣫴	894240	5827	𦓙	912420
5766	𣪟	884442	5797	𣫵	894252	5828	𦓚	912422
5767	𣪠	884444	5798	𣫶	894274	5829	𦓛	912525
5768	𣪡	884450	5799	𣫷	894274	5830	耗	914100
5769	𣪢	884452	5800	𣫸	894274	5831	𦔁	914122
5770	𣪣	884452	5801	𣫹	894274	5832	𦔂	914212
5771	𣪤	884470	5802	𣫺	894500	5833	𦔃	914525
5772	𣪥	884550	5803	𣫻	895224	5834	𦔄	915121
5773	𣪦	885154	5804	𣫼	902124	5835	𦔅	915121
5774	𣪧	885224	5805	𣫽	902170	5836	𦔆	915140
5775	𣪨	885252	5806	青	902200	5837	𦔇	915140
5776	𣪩	885254	5807	𣫾	902250	5838	𦔈	915140

5839	𗥰	915140	5870	𗥰	924410	5901	𗥰	937442
5840	𗥰	915140	5871	𗥰	924420	5902	𗥰	937442
5841	𗥰	915141	5872	𗥰	924440	5903	𗥰	942027
5842	𗥰	915141	5873	𗥰	925058	5904	𗥰	942117
5843	𗥰	915150	5874	𗥰	925700	5905	𗥰	942124
5844	𗥰	915150	5875	𗥰	925400	5906	𗥰	942154
5845	𗥰	915440	5876	𗥰	925452	5907	𗥰	942154
5846	𗥰	915440	5877	𗥰	927048	5908	𗥰	942170
5847	𗥰	915444	5878	𗥰	927142	5909	𗥰	944114
5848	𗥰	917142	5879	𗥰	927145	5910	𗥰	945140
5849	𗥰	917142	5880	𗥰	927442	5911	𗥰	945140
5850	𗥰	917142	5881	𗥰	927442	5912	𗥰	945140
5851	𗥰	917142	5882	𗥰	927442	5913	𗥰	945150
5852	𗥰	917143	5883	𗥰	927442	5914	𗥰	947042
5853	𗥰	917144	5884	𗥰	927444	5915	𗥰	947142
5854	𗥰	917145	5885	𗥰	927444	5916	𗥰	947144
5855	𗥰	917145	5886	𗥰	932117	5917	𗥰	952527
5856	𗥰	917145	5887	𗥰	932124	5918	𗥰	955122
5857	𗥰	917242	5888	𗥰	932420	5919	𗥰	957142
5858	𗥰	917242	5889	𗥰	932420	5920	𗥰	972122
5859	𗥰	917244	5890	𗥰	932420	5921	𗥰	972152
5860	𗥰	917442	5891	𗥰	932422	5922	𗥰	972221
5861	𗥰	917442	5892	𗥰	934122	5923	𗥰	972222
5862	𗥰	921000	5893	𗥰	935141	5924	𗥰	972222
5863	𗥰	922170	5894	𗥰	935152	5925	𗥰	972222
5864	𗥰	922420	5895	𗥰	935222	5926	𗥰	972420
5865	𗥰	922420	5896	𗥰	935242	5927	𗥰	972420
5866	𗥰	922422	5897	𗥰	935450	5928	𗥰	972420
5867	𗥰	922424	5898	𗥰	935450	5929	𗥰	972420
5868	𗥰	922527	5899	𗥰	937142	5930	𗥰	972420
5869	𗥰	924028	5900	𗥰	937242	5931	𗥰	972420

序号	字	编码	序号	字	编码	序号	字	编码
5932	㪅	972452	5963	㪅	977244	5994	㪅	997244
5933	㪅	974214	5964	㪅	977244	5995	㪅	104100
5934	㪅	974215	5965	㪅	977442	5996	㪅	104120
5935	㪅	974220	5966	㪅	977442	5997	㪅	104121
5936	㪅	974228	5967	㪅	977442	5998	㪅	104127
5937	㪅	974410	5968	㪅	977442	5999	㪅	104200
5938	㪅	974410	5969	㪅	977442	6000	㪅	104220
5939	㪅	974420	5970	㪅	982124	6001	㪅	104222
5940	㪅	974420	5971	㪅	982154	6002	㪅	104240
5941	㪅	974440	5972	㪅	982255	6003	㪅	104274
5942	㪅	974540	5973	㪅	982420	6004	㪅	104400
5943	㪅	974544	5974	㪅	982420	6005	㪅	104400
5944	㪅	975000	5975	㪅	984218	6006	㪅	104444
5945	㪅	570100	5976	㪅	984224	6007	㪅	114222
5946	㪅	975120	5977	㪅	984420	6008	㪅	117127
5947	㪅	975200	5978	㪅	984420	6009	㪅	117444
5948	㪅	975220	5979	㪅	984440	6010	㪅	134422
5949	㪅	975242	5980	㪅	985220	6011	㪅	144200
5950	㪅	975400	5981	㪅	985240	6012	㪅	154220
5951	㪅	975400	5982	㪅	985400	6013	㪅	154524
5952	㪅	975422	5983	㪅	985400	6014	㪅	172222
5953	㪅	975444	5984	㪅	985422	6015	㪅	174121
5954	㪅	975454	5985	㪅	985545	6016	㪅	174222
5955	㪅	975500	5986	㪅	987142	6017	㪅	174242
5956	㪅	975540	5987	㪅	987142	6018	㪅	174470
5957	㪅	975540	5988	㪅	987442	6019	㪅	174520
5958	㪅	975574	5989	㪅	987442	6020	㪅	182222
5959	㪅	977142	5990	㪅	992224	6021	㪅	184224
5960	㪅	977142	5991	㪅	994124	6022	㪅	184522
5961	㪅	977142	5992	㪅	995222	6023	㪅	187252
5962	㪅	977242	5993	㪅	997244	6024	㪅	212172

编号	字	编码
6025	㜶	212240
6026	㜷	212542
6027	㜸	214545
6028	㜹	215100
6029	㜺	215400
6030	㜻	222211
6031	㜼	222340
6032	㜽	224221
6033	㜾	224342
6034	㜿	225400
6035	㝀	232210
6036	㝁	242142
6037	㝂	248525
6038	㝃	272122
6039	㝄	272442
6040	㝅	274140
6041	㝆	274144
6042	㝇	275200
6043	㝈	282124
6044	㝉	284222
6045	㝊	284442
6046	㝋	294244
6047	㝌	417444
6048	㝍	504224
6049	㝎	504441
6050	㝏	504574
6051	㝐	514122
6052	㝑	604100
6053	㝒	604124
6054	㝓	604224
6055	㝔	807574
6056	㝕	812152
6057	㝖	812252
6058	㝗	812255
6059	㝘	814120
6060	㝙	822241
6061	㝚	824121
6062	㝛	824121
6063	㝜	844124
6064	㝝	844142
6065	㝞	854574
6066	㝟	872152
6067	㝠	872240
6068	㝡	882244
6069	㝢	884140
6070	㝣	884220
6071	㝤	884522
6072	㝥	972424
6073	㝦	985400
6074	㝧	997244

附录二　西夏古籍字库基本部件表

编号	部件	代码	编号	部件	代码	编号	部件	代码
0001	一	100000	0025		174400	0049		222200
0002	丿	200000	0026		902200	0050		772240
0003	丨	200000	0027		174000	0051		210500
0004	丶	300000	0028		504000	0052		210121
0005	丶	300000	0029		104000	0053		214400
0006	丶	300000	0030		104200	0054		104410
0007	艹	500000	0031		802220	0055		171000
0008	乂	400000	0032		172220	0056		171000
0009	千	500000	0033		222400	0057		802400
0010	艹	500000	0034		174700	0058		102400
0011	丰	500000	0035		604000	0059		124000
0012	艹	600000	0036		102200	0060		172110
0013	丰	600000	0037		104000	0061		171000
0014	L	100000	0038		104000	0062		207000
0015	丁	700000	0039		174100	0063		172500
0016	人	800000	0040		812500	0064		177000
0017	丷	800000	0041		504000	0065		172000
0018	川	900000	0042		500000	0066		105000
0019	丷	900000	0043		204000	0067		224000
0020		270500	0044		202000	0068		730000
0021		502200	0045		804000	0069		177300
0022		235000	0046		204400	0070		704000
0023		804100	0047		102200	0071		712400
0024		174000	0048		802500	0072		801000

0073		201000	0104		104410	0135		904410
0074		707200	0105		104110	0136		904110
0075		707000	0106		210500	0137		105500
0076		202000	0107		210100	0138		105100
0077		171000	0108		210100	0139		802200
0078		171000	0109		104400	0140		802100
0079		201000	0110		104100	0141		802100
0080		201000	0111		177000	0142		504400
0081		101000	0112		172000	0143		504100
0082		234000	0113		104400	0144		175500
0083		304000	0114		104100	0145		175100
0084		174000	0115		172200	0146		804410
0085		104000	0116		172100	0147		302200
0086		804000	0117		904400	0148		302100
0087		804000	0118		904100	0149		100000
0088		804000	0119		804400	0150		172000
0089		712400	0120		804100	0151		200000
0090		104000	0121		804400	0152		200000
0091		304000	0122		804100	0153		301000
0092		202400	0123		902210	0154		800000
0093		174000	0124		902110	0155		101000
0094		174000	0125		804410	0156		804200
0095		304000	0126		174410	0157		804000
0096		801000	0127		902100	0158		802200
0097		804200	0128		804400	0159		304200
0098		172000	0129		804100	0160		304200
0099		900000	0130		802100	0161		304420
0100		714400	0131		772500	0162		802200
0101		714100	0132		772100	0163		804000
0102		302000	0133		102210	0164		804000
0103		307000	0134		102110	0165		802500

编号	部件	编码	编号	部件	编码	编号	部件	编码
0166	厂	712000	0197	一	101000	0228	衰	712400
0167	彡	174200	0198	彡	104200	0229	丰	500000
0168	彳	172200	0199	卜	210100	0230	卅	175000
0169	彡	174000	0200	卜	210200	0231	廿	477100
0170	丨	220000	0201	屮	240200	0232	丰	171000
0171	几	772200	0202	巾	772220	0233	二	107300
0172	几	772100	0203	冂	772220	0234	艹	500000
0173	亻	202000	0204	彡	202000	0235	片	210200
0174	十	400000	0205	彳	202200	0236	丼	214400
0175	广	302000	0206	夂	204000	0237	朩	210220
0176	皮	302400	0207	人	204000	0238	衣	472400
0177	疒	302400	0208	乂	204000	0239	丹	772500
0178	皮	302400	0209	丰	247000	0240	卡	400100
0179	良	302400	0210	犭	802200	0241	彳	222000
0180	丬	802000	0211	才	802000	0242	冂	232200
0181	干	102000	0212	亚	801000	0243	禾	702000
0182	干	104000	0213	纟	804000	0244	夂	234000
0183	丁	102200	0214	彡	804200	0245	夂	204000
0184	丌	172200	0215	才	905000	0246	夊	204000
0185	羊	174000	0216	才	907000	0247	育	202210
0186	彳	172200	0217	丌	102200	0248	朿	747200
0187	卄	142000	0218	丌	172200	0249	釜	201000
0188	丰	500000	0219	丌	102220	0250	卌	745000
0189	扌	147000	0220	丌	172220	0251	青	302200
0190	氵	207000	0221	丰	172220	0252	耑	304400
0191	纟	207000	0222	羊	175000	0253	彡	307000
0192	三	171000	0223	羊	175000	0254	丌	802200
0193	乡	172000	0224	爻	174000	0255	彡	804200
0194	土	901000	0225	天	174000	0256	丰	804000
0195	二	177300	0226	彡	104200	0257	丌	802200
0196	艹	500000	0227	彡	174200	0258	丌	802200

0259	角	804400	0290	再	172500	0321	市	302120
0260	洅	807200	0291	甬	175200	0322	弃	304400
0261	癸	804000	0292	菻	175500	0323	肴	802200
0262	盍	801000	0293	亥	172400	0324	养	802500
0263	艹	804000	0294	亥	172400	0325	爻	804000
0264	帯	905000	0295	弃	174400	0326	亥	804000
0265	半	904100	0296	羊	175000	0327	亥	802400
0266	多	904200	0297	艹	905000	0328	市	902250
0267	平	102000	0298	亚	171000	0329	耒	904100
0268	再	102500	0299	亚	171000	0330	再	804000
0269	丼	104400	0300	亚	175000	0331	弄	105500
0270	井	105500	0301	世	501000	0332	亦	804400
0271	阡	712500	0302	丼	102200	0333	辛	102000
0272	斤	712400	0303	卌	600000	0334	井	712500
0273	井	172200	0304	青	602500	0335	亥	104000
0274	丼	172200	0305	靑	215000	0336	羽	104200
0275	耒	174400	0306	阡	712500	0337	爻	174000
0276	片	172200	0307	卅	250000	0338	亥	104000
0277	羊	175000	0308	囚	772240	0339	爻	174000
0278	羊	174000	0309	廾	772500	0340	市	172220
0279	市	102250	0310	亥	204000	0341	耒	907550
0280	市	502200	0311	爻	204000	0342	耒	907450
0281	亥	104000	0312	彳	222020	0343	亚	171000
0282	多	174200	0313	爻	404000	0344	青	172200
0283	亥	104200	0314	半	402100	0345	青	172210
0284	爻	174000	0315	丼	205500	0346	耒	172500
0285	亦	172240	0316	手	205000	0347	弃	175200
0286	耒	907250	0317	辛	305000	0348	弄	152000
0287	市	172220	0318	青	302500	0349	爻	174000
0288	贡	172220	0319	青	305500	0350	羊	175000
0289	市	102220	0320	丼	802500	0351	亥	172400

编号	字	编码	编号	字	编码	编号	字	编码
0352		102240	0383		907540	0414		804000
0353		106000	0384		172500	0415		804400
0354		210500	0385		174400	0416		805500
0355		212220	0386		171000	0417		802400
0356		204000	0387		174000	0418		802240
0357		202210	0388		172400	0419		905500
0358		205500	0389		102220	0420		804100
0359		400400	0390		177540	0421		807240
0360		704400	0391		102210	0422		804000
0361		747500	0392		104400	0423		904000
0362		202250	0393		104410	0424		174000
0363		221500	0394		104000	0425		174000
0364		302500	0395		104000	0426		177000
0365		805500	0396		177240	0427		175000
0366		805500	0397		102000	0428		104000
0367		805500	0398		102250	0429		104000
0368		802500	0399		104000	0430		104000
0369		805000	0400		174000	0431		102200
0370		802400	0401		172200	0432		102240
0371		801000	0402		174400	0433		774000
0372		805000	0403		172600	0434		774000
0373		802250	0404		172220	0435		215500
0374		802200	0405		204000	0436		804410
0375		804400	0406		202200	0437		802400
0376		802220	0407		302200	0438		804000
0377		802220	0408		304000	0439		304000
0378		805000	0409		802200	0440		172210
0379		805000	0410		804000	0441		104000
0380		805000	0411		805200	0442		104000
0381		902200	0412		804400	0443		104000
0382		904200	0413		804000	0444		104000

0445		172500
0446		174000
0447		172200
0448		102200
0449		804200
0450		202200
0451		805000

附录三 西夏文电子字典用户手册

1. 西夏文电子字典
版本2.0

1.1 系统概述

图0-1 西夏文电子字典图标

西夏文电子字典是为用户提供西夏文计算机翻译的应用软件,可实现中文—西夏文、英文—西夏文的双向互译,其图标如图0-1所示。该软件能够为用户提供英文、中文、四角号码及夏汉字典顺序号等多种关键字检索功能。软件包括一套西夏文古籍字库。西夏文英文电子字典共计收录6000余个西夏文字及450多个西夏文字部件,并对每个西夏文字及部件进行了四角号码编码。西夏文电子字典检索采用模糊查询方式,检索结果可列出所有包含检索关键字的西夏文释义。四角号码通配符查询方式可使西夏文查询变得更轻松与便捷。电子字典查询框可自动识别用户输入的内容并进行分类查询,输入的关键字可以是中文单字、英文单词、四角号码及顺序号。

1.2 软件环境

操作系统:Windows XP/7/10

1.2.1 用户界面

主要包括查询输入框、检索按钮、顺序号浏览导航按钮、系统菜单、内容主显示区域等五个部分，如图 0-2 所示。

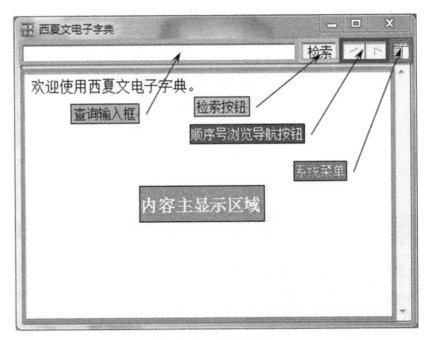

图 0-2 户界面示例

1.3 查询基本操作

1.3.1 英文查询西夏文

用户在"查询输入框"中输入英文单词后按回车键或点击"检索"按钮。系统将在"内容主显示区域"显示查询的相关结果。例如，输入英文单词"face"，结果如图 0-3 所示，主显示区域显示检索到与"face"有关的 8 条记录，同时列出这 8 条记录的详细内容，并在英文释义区域中将含有关键字"face"的条目用红色醒目标出。

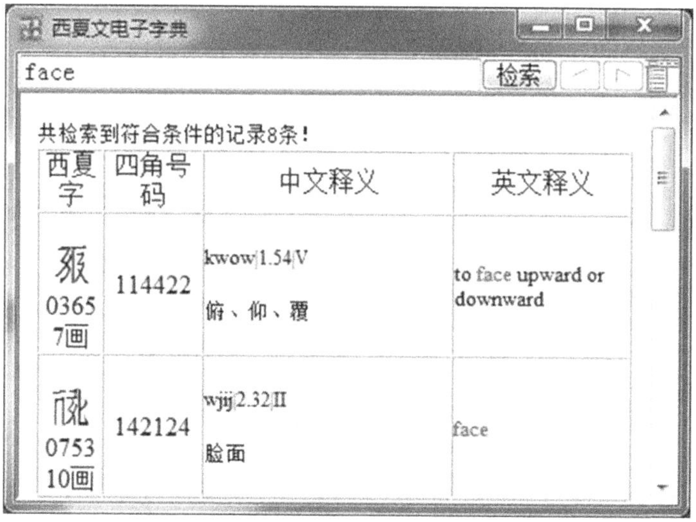

图0-3 英文检索示例窗口

1.3.2 中文查询西夏文

用户在"查询输入框"中输入中文单字词后按"回车键"或点击"检索"按钮。系统将在"内容主显示区域"显示查询的相关结果。例如,输入中文单字"国",结果如图0-4所示,主显示区域显示共检索到5条记录,同时列出这5条记录的详细内容,并在"中文释义"区域中将关键字"国"用红色醒目标出。

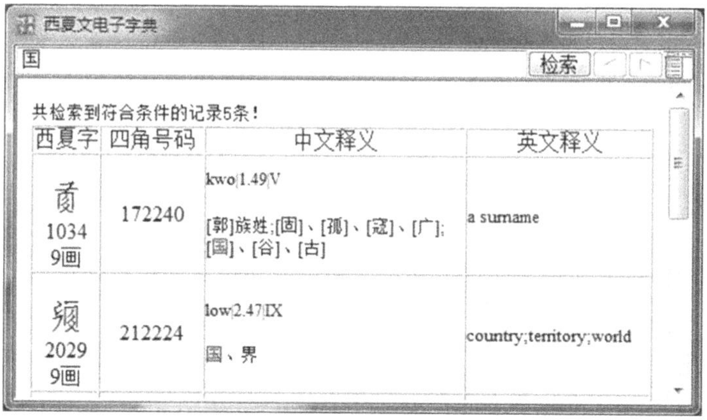

图0-4 中文检索示例窗口

1.3.3 四角号码查询

用户在"查询输入框"中输入西夏文四角号码后按"回车键"或点击"检索"按钮。系统将在"内容主显示区域"显示查询的相关结果。例如,输入四角号码"101000",结果如图0-5所示,主显示区域显示共检索到符合条件的6条记录,同时列出这6条记录的详细内容。

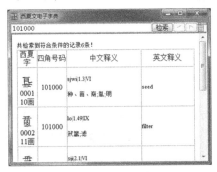

图0-5　四角号码检索示例图

1.3.4 通配符"_"模糊查询

如果用户要输入的四角号码中有几位不能确定,则可以使用"_"键来进行通配符方式输入。例如,查找第1角为8,第3角为1,第2、第4角序号不能确定,且附加号为00的西夏文字。则只需输入"8_1_00"后按"回车键",即可见如图0-6所示的窗口。图0-6中列出了所有符合"8_1_00"的西夏文字,如801100、811000、871000等。

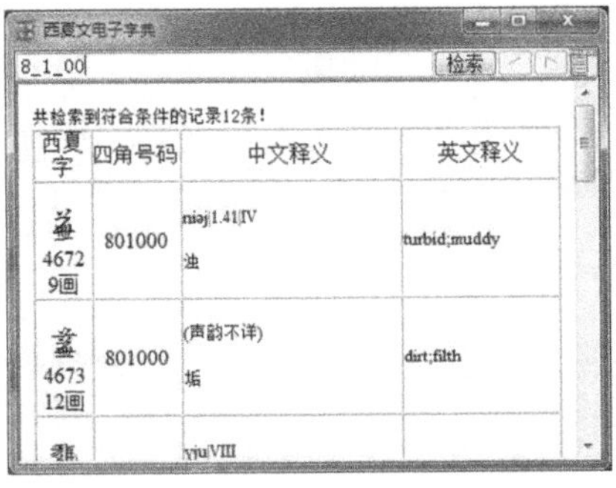

图0-6　通配符模糊查询界面图

1.3.5　顺序号检索西夏文字

用户在"查询输入框"中输入西夏文顺序号后按"回车键"或点击"检索"按钮,系统将在"内容主显示区域"显示查询的相关结果。例如,输入顺序号"234",结果如图 0-7 所示,主显示区域显示共检索到 1 条记录。

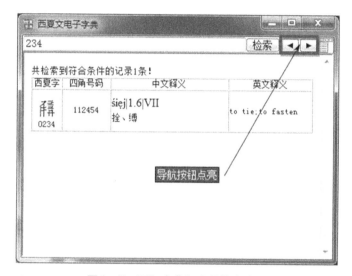

图 0-7　夏汉字典顺序号检索窗口

此时,顺序号浏览导航按钮被点亮(该导航按钮仅在顺序号检索时可用),用户可在此检索基础上进行"前一个"或"后一个"西夏文字的浏览操作。

1.4　系统菜单

1.4.1 显示主窗口

当点击窗口最小化按钮后,电子字典将显示在系统托盘区域。在该状态下,可通过在系统托盘中用鼠标右键单击电子字典图标呼出主菜单。此时点击"显示主窗口"子菜单,则可使电子字典恢复到桌面窗口状态。

1.4.2　窗口总在最前

如用户希望将西夏文电子字典始终置于桌面其他窗口之上，可选择"窗口总在最前"菜单项。再次点击选择此菜单项则可取消"窗口总在最前"（如图0-8所示）。

图0-8　西夏文电子字典"窗口总在最前"菜单

1.4.3　西夏文字库设置

西夏文字库设置菜单可提供选择系统所安装的西夏字库及释义内容的字体大小设置功能。在默认状态下，西夏文电子字典显示字体设置为"西夏古籍字库"，如选择"西夏字体"则需另外安装相关软件。西夏文字提供"大""小"两种字号选择，释义内容有"大""中""小"三种字号供用户选择（如图0-9所示）。

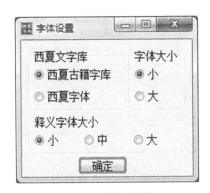

图0-9　字体设置窗口

1.4.4 在线更新

当用户的计算机连入互联网后,用户可通过点击"在线更新"菜单来进行系统免费在线更新任务。如果没有新版本升级,将提示如图0-10所示的对话框;如有新版本需要更新,则显示如图0-11所示的界面。

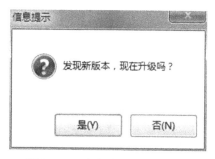

图0-10 没有新版本对话框　　图0-11 新版本更新窗口示例

如果用户决定要升级到新版本的电子字典,点击"是"按钮后,则进入升级窗口(如图0-12所示)。

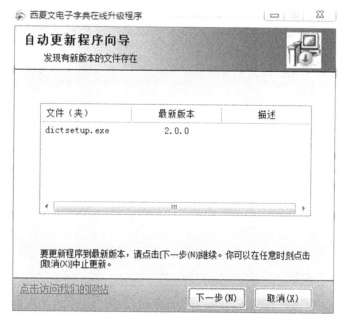

图0-12 电子字典自动更新程序向导

点击"下一步"按钮,进入下载更新文件窗口,如图0-13所示。

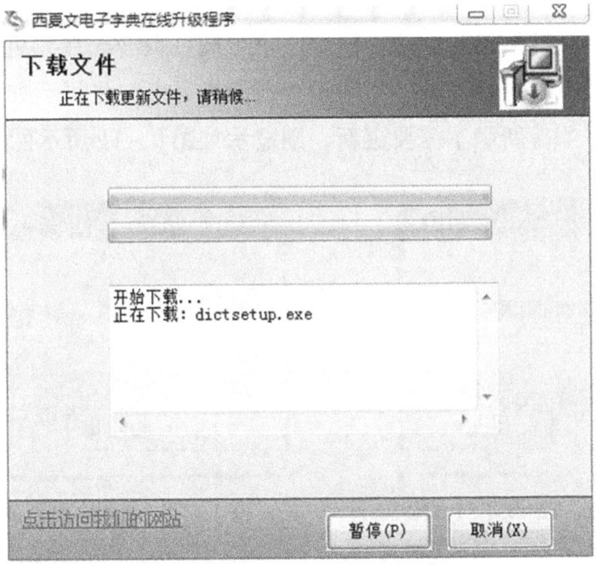

图0-13　更新文件下载窗口

当文件下载完毕后,将出现图0-14所示的提示窗口。

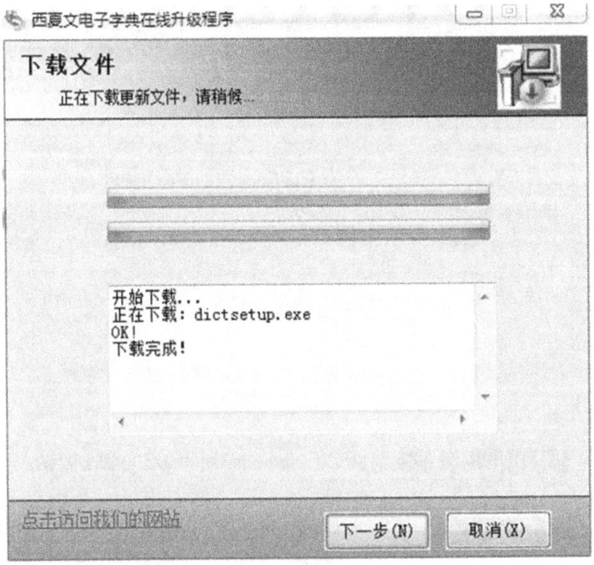

图0-14　"下载完成"提示窗口

此时，用户点击"下一步"可显示"下载完成！"提示窗口，然后再点击"下一步"进入更新窗口，如图 0 - 15 所示。

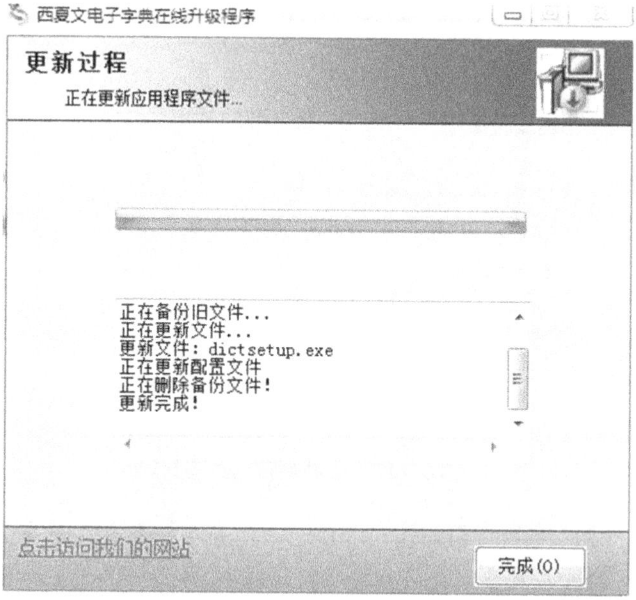

图 0 - 15 更新提示窗口

点击"完成"，即进入更新安装程序的界面，如图 0 - 16 所示。

图 0 - 16 西夏文电子字典安装界面

点击"下一步"进入安装"许可协议"窗口，如图 0 – 17 所示。

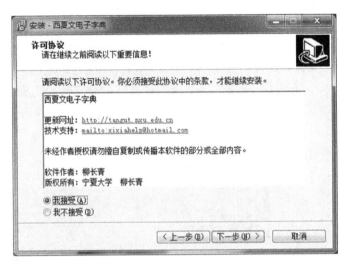

图 0 – 17　安装许可协议窗口

点击"我接受"后再点击"下一步"，进入如图 0 – 18 所示的"选择目标位置"设置窗口。

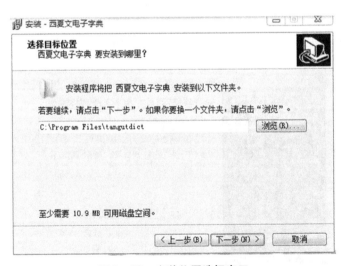

图 0 – 18　安装位置选择窗口

选择好要安装的位置后点击"下一步"继续，进入"准备安装"界面，即可开始安装（如图 0 – 19 所示）。

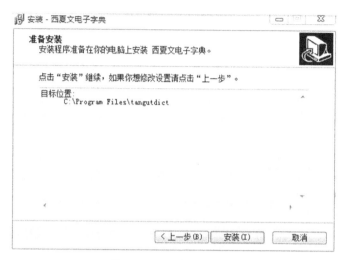

图 0-19　准备安装窗口

安装完成界面如图 0-20 所示。

图 0-20　安装完成窗口

2. 夏汉通西夏文输入法 版本1.0

2.1 输入法概述

"夏汉通西夏文输入法"（简称"西夏文输入法"）可以实现西夏文与中英文的切换输入。输入西夏文字过程中采用的字频智能调节算法可使西夏文的输入更加方便快捷。当用户多次输入同一个西夏文字时，该西夏文字将自动排列在选字窗口的首位，方便用户下一次选择使用。对于大量录入西夏文文献的情况，输入法采用智能调频技术及数字小键盘方式来提高录入速度。图0-21为夏汉通西夏文输入法状态条示例。

图0-21 夏汉通西夏文输入法状态条

该西夏文输入法是基于四角号码的 Windows 输入法，输入界面如图0-22所示。在输入西夏文字时，可以根据用户输入的频率自动将高频的西夏文字优先排列，从而达到提高西夏文录入速度的目的。其汉字输入是带自学习的智能拼音联想输入法。该输入法还提供录入西夏文字的中文及英文释义显示窗口，在选字窗口右侧同时显示西夏文所对应的汉文释义，如图0-22所示。

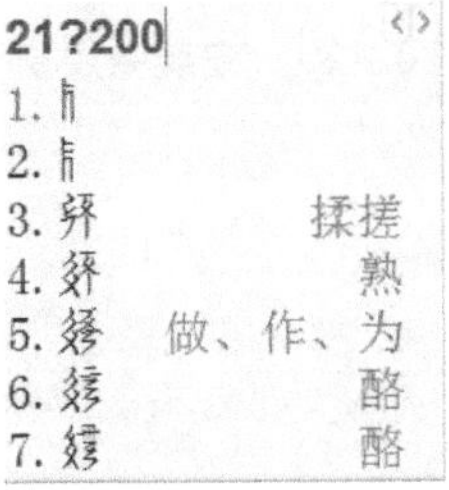

图0-22 夏汉通西夏文输入法选字窗口

2.1.1 键盘按键功能介绍

0~9 数字键（包括小键盘 0~9）：四角号码输入键及西夏文字选字键。

Shift 键："西夏文四角号码"与"中文拼音"的互相切换；

Space 键（空格）：进入选择西夏文字状态。输入四角号码时单击空格键即可选择西夏文字。

Enter 键（小键盘回车）：选择西夏文字；

+、-/PgUp、PgDn 键：向前/向后翻页；

↑/↓键：选择西夏文字；

←/→键：四角号码输入选择键。

2.1.2 四角号码万能通配键

？键：四角号码万能通配键。当输入的四角号码有不确定的码时，可用？键替代。例如，要输入"214200"，但第三码位不确定，可先输入"21？200"，输入法将会把所有符合"21？200"的西夏文字全部列出供用户选择（如图 0-21 所示），该方法对西夏文初学者尤其适用。

2.1.3 快捷按钮介绍

⚙：" 功能设置"菜单

⌨：软键盘

○/☾：全/半角切换（Shift + Space）

°,/,：中文/英文标点符号切换（Ctrl + .）

解/解：解释悬浮窗口开/关
（Windows10 下不支持该功能）

典：激活"西夏文电子字典"

夏/拼：西夏文/中文切换

？：帮助文档

2.2 输入法系统菜单

点击 ![按钮] 按钮后会出现如图0-23的所示窗口。

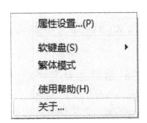

图0-23 夏汉通输入法系统设置菜单

2.2.1 "繁简模式"

选择"繁简模式"后,输入法将切换至"繁体中文"输入状态,此时所输入的中文均会变为繁体字。

2.2.2 "属性设置"

单击图0-23中的"属性设置…"菜单项,弹出如图0-24所示的设置窗口。

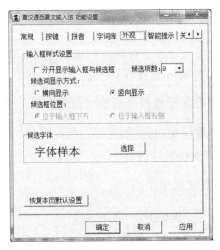

图0-24 夏汉通西夏文输入法系统设置菜单

"功能设置"主要提供常规、按键、拼音、字词库、外观、智能提示等功能设置。

- 常规：包括"默认输入模式""输入法状态栏""字词调频""光标跟随"等选项。
- 按键："中英文切换""快捷键"设置。
- 拼音："启用模糊音""声母模糊音""韵母模糊音"。
- 字词库："字符集选择""个人词库管理""自定义功能"。
- 外观："输入框样式设置""候选字体"。
- 智能提示："提示窗口"透明度设置、是否"自动跟随"。

图 0-24 所示的"外观"选项卡下的"输入框样式设置"选项中，如用户选择"横向显示"，则西夏文输入状态如图 0-25 所示。当用户设置"智能提示"选项卡中的"提示窗口"透明度为"半透明"时，则半透明效果如图 0-25 所示的右上方的提示框。

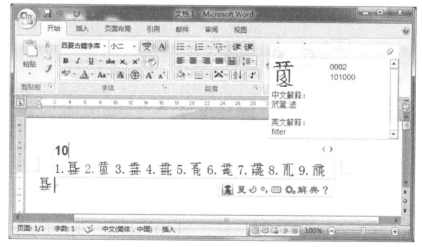

图 0-25　夏汉通西夏文输入法横向式输入框及半透明提示框

如果用户需要更改输入框中西夏文字的大小，可以单击"外观"选项卡中的"候选字体"按钮，即可见如图 0-26 所示窗口，选择相应字号设置输入框字体大小。

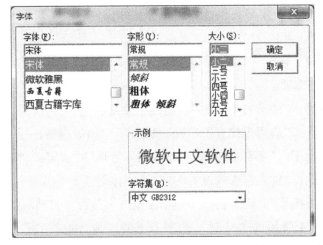

图0-26 夏汉通西夏文输入法输入框字体设置

图0-27是通过字体设置窗口设置的输入框中两种字体大小效果对比图。

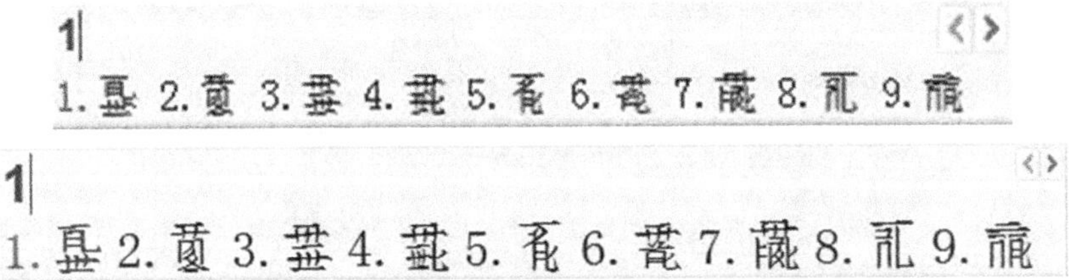

图0-27 横向式输入框"小四号"与"二号"字体对比图

2.3 西夏文字录入方法

2.3.1 Word中录入西夏文字

在Word等字处理软件中使用夏汉通输入法输入西夏文字的方法和步骤如下。

（1）打开Word字处理软件，用鼠标单击编辑区域；

（2）将"字体"选择为"西夏古籍字库"或"西夏字体"（"西夏字体"需另行安装）；

（3）在 Word 窗口处于激活状态下，鼠标单击"输入法状态栏"选择"夏汉通西夏文输入法"；

（4）键入西夏文四角号码（如图 0-28、图 0-29 所示）；

（5）单击"空格"键后，用鼠标或键盘选择需要录入的西夏文字；

重复上述步骤（3）至（5），并继续录入其他西夏文字。当需要进行西夏文、中文或英文混合排版时，请注意切换相应字体。其他 Windows 编辑软件的西夏文录入方法与上述步骤基本一致，请用户酌情使用。

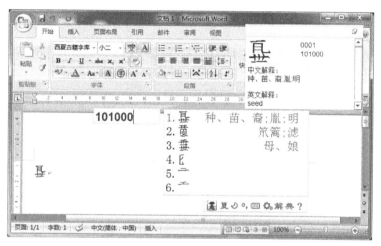

图 0-28　Word 中输入框与候选框分开显示示例图

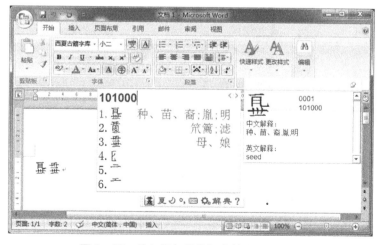

图 0-29　输入框与候选框合并显示示例图

2.3.2 西夏文字体

当正确安装《西夏文电子字典》或《夏汉通西夏文输入法》后,"西夏古籍字库"将被自动安装进 Windows 系统字库中。如用户需要使用"西夏字体",可自行安装相关软件。

3. 西夏文四角号码简介

3.1 四角号码概述

要实现计算机录入西夏文首先需要确定西夏文的输入编码。西夏文电脑输入码采取了类似汉字的四角号码输入方案。[①] 目前西夏文四角号码输入法已被用户广泛使用,与之配套的计算机软件也在不断被研发与推广。

西夏文字是仿照汉字创制的,汉字四角号码检字法则是根据汉字的构成特点而编制的,因而这种方法同样适用于西夏文。西夏文四角号码检字法说明详见表 0-1。

表 0-1 西夏文四角号码检字法

	笔形名	代码	笔形示例	说明
单笔	横	1	一 →	横或横起、横结束
	垂	2	ノ丨	竖、撇
	点、捺	3	、、丶	点、捺

[①] 参见李范文《夏汉字典》(增订版),中国社会科学出版社 2008 年版,第 23-24 页。

续表 0-1

	笔形名	代码	笔形示例	说　明
复笔	叉	4	⺿ † ㄨ	两笔交叉或一横与两竖交叉
	串	5	꭛ ⵕ ꭨ	一横与三竖交叉或一竖与两、三横交叉
	多串	6	ⵕ ⵕ	一横、竖与四竖、横交叉
	角	7	「 厂 ⼁	一笔成角或两笔构成角
	八	8	⌃ ⺀	类似汉字八或八的变形
	小	9	丷 丶	类似汉字小或小的变形
		0		单笔或复笔已取码且又不能另角成其他形

3.1.1　笔形代码口诀

一横二垂三点捺

四叉五⺿六⵿

角七八八九是小

3.2　取码方法

西夏文字笔画繁复，如果仅采用四角取号则重码颇多，不利于快速录入，因此采用基本号加附加码的方法可有效减少重码。每一个西夏文字的检字码实际上都是由六位十进制数构成的，即四位基本号加两位附号。

3.2.1　基本号取码方法

取码顺序为：左上角、右上角、左下角、右下角。例如：

$\begin{matrix}1 & & 7\\ & 茆 & \\ 4 & & 2\end{matrix}$ 该字的基本号为 1742　　$\begin{matrix}2 & & 2\\ & 丝 & \\ 4 & & 4\end{matrix}$ 该字的基本号为 2244

$\begin{matrix}1 & & 0\\ & 帚 & \\ 2 & & 2\end{matrix}$ 该字的基本号为 1022　　$\begin{matrix}9 & & 4\\ & 巍 & \\ 5 & & 1\end{matrix}$ 该字的基本号为 9451

3.2.2 附号取码方法

附号的取码顺序为：靠近左下角、靠近右下角。例如：

$\begin{smallmatrix}8&&1\\2&&1\\&12&\end{smallmatrix}$ 该字的附号为 12　　该字全码为 812112

$\begin{smallmatrix}4&&1\\2&&1\\&21&\end{smallmatrix}$ 该字的附号为 21　　该字全码为 412121

$\begin{smallmatrix}1&&0\\1&&0\\&00&\end{smallmatrix}$ 该字的附号为 00　　该字全码为 101000

$\begin{smallmatrix}2&&1\\4&&2\\&22&\end{smallmatrix}$ 该字的附号为 22　　该字全码为 214222

3.2.3 基本号取码示例

（1）一笔占两角构成两种笔形的可分角取码。

$\begin{smallmatrix}1&&7\\2&&2\\&20&\end{smallmatrix}$　　$\begin{smallmatrix}1&&3\\7&&1\\&00&\end{smallmatrix}$　　$\begin{smallmatrix}1&&2\\2&&1\\&42&\end{smallmatrix}$　　$\begin{smallmatrix}9&&1\\5&&1\\&40&\end{smallmatrix}$　　$\begin{smallmatrix}2&&1\\7&&4\\&20&\end{smallmatrix}$

<u>17</u>2220　　　<u>13</u>7100　　　12<u>2</u>142　　　<u>9</u>15140　　　<u>2</u>17420

（2）一笔占两角构成一种笔形的，前角已取码后角则为0。

$\begin{smallmatrix}1&&0\\1&&0\\&00&\end{smallmatrix}$　　$\begin{smallmatrix}2&&1\\0&&1\\&21&\end{smallmatrix}$　　$\begin{smallmatrix}2&&9\\4&&0\\&00&\end{smallmatrix}$　　$\begin{smallmatrix}1&&5\\4&&0\\&22&\end{smallmatrix}$　　$\begin{smallmatrix}2&&2\\8&&0\\&00&\end{smallmatrix}$

<u>101</u>000　　　<u>2</u>10121　　　29<u>4</u>000　　　15<u>4</u>022　　　<u>22</u>8000

（3）两笔构成两种笔形的，分角取码。

$\begin{smallmatrix}7&&1\\2&&1\\&20&\end{smallmatrix}$　　$\begin{smallmatrix}7&&1\\2&&2\\&40&\end{smallmatrix}$　　$\begin{smallmatrix}4&&7\\4&&1\\&22&\end{smallmatrix}$　　$\begin{smallmatrix}4&&7\\4&&4\\&20&\end{smallmatrix}$　　$\begin{smallmatrix}4&&1\\2&&1\\&21&\end{smallmatrix}$

<u>7</u>12120　　　<u>77</u>2240　　　244<u>1</u>22　　　<u>4</u>74420　　　<u>4</u>12121

3.2.4 附号取码示例

（1）两个附号分别取最靠近左下角和右下角的两个笔形。

1 ﾞ 0	2 ﾞ 1	2 ﾞ 8	1 ﾞ 5	2 ﾞ 3
2 1	0 1	2 4	4 0	8 2
24	21	42	12	24
1021**24**	2101**21**	2824**42**	1540**12**	2382**24**

（2）靠近左下角、右下角仅有一种笔形的则第一附号取码，第二附号为0。

8 0	2 1	2 8	1 7	2 8
2 2	2 1	2 4	4 1	1 2
20	40	40	20	20
8022**20**	2121**40**	2824**40**	1741**20**	2812**20**

（3）靠近左下角、右下角已无笔形时，则附号均为0。

1 0	1 0	2 8	1 7	2 1
1 0	4 0	4 2	4 1	4 2
00	00	00	00	00
1010**00**	1040**00**	2842**00**	1741**00**	2142**00**